Quatre petits bouts de pain

Magda Hollander-Lafon

Quatre petits bouts de pain

Des ténèbres à la joie

Albin Michel

Je dédie ce témoignage à mes quatre enfants et à leurs conjoints, à mes petits-enfants, et aux enfants des nouvelles générations après la Shoah.

À François, mon mari, et à tous ceux qui m'ont aidée à faire naître ce témoignage, qu'ils soient du fond de mon cœur remerciés.

Le soir, je parcours par la pensée la journée qui vient de s'écouler. Je rassemble les petites lumières qui m'ont éclairée : sourire, geste, rencontre inattendue…

Je m'endors en rendant grâce de ces petits bonheurs du jour.

Demain s'ouvre
Une page blanche…

Avant-propos de l'éditeur

Ce livre n'est pas un témoignage sur la Shoah, mais une méditation.

Une méditation non sur la mort, mais sur la vie. Et sur le passage possible de l'une à l'autre.

Magda Hollander-Lafon a vécu à seize ans les ténèbres les plus sombres : juive hongroise, elle a été déportée à Auschwitz-Birkenau en 1944 avec sa famille, qui y a péri[1]. Arrachées à cette expérience de la mort, ces pages sont nées d'une longue traversée, tissée de renaissances : les quatre petits bouts de pain donnés à l'adolescente par une femme mourante dans le camp, les gouttes d'eau offertes alors que le corps s'abandonnait à la terre, le mouvement des nuages dans le ciel d'Auschwitz, que les flammes du crématoire avaient cessé pour un moment de noircir, ou encore la « dame au

1. Une notice historique rédigée par Nathalie Caillibot et Régis Cadiet précise, en fin d'ouvrage, le parcours de Magda Hollander-Lafon.

sourire » qui la recueillit à sa sortie de l'univers concentrationnaire.

Après la Shoah il y eut un temps de silence, celui de la sidération pour ceux qui revenaient, et de l'effroi insupportable, et donc trop vite occulté, pour ceux qui les revoyaient. Vint ensuite le moment de comprendre l'incompréhensible, d'entendre l'inaudible. Il fallut aux anciens déportés expliquer comment l'extermination massive avait été conçue et réalisée de manière industrielle, comment ils avaient été réduits en si peu de temps à des choses et comment ces camps avaient constitué une expérience de mort, même lorsqu'ils avaient pu y survivre. Jorge Semprun écrira : « Je dis bien "expérience"... Car la mort n'est pas une chose que nous aurions frôlée, côtoyée, dont nous aurions réchappé, comme d'un accident dont on serait sorti indemne. Nous l'avons vécue... » Ce fut un temps nécessaire qui devait situer ce paradoxe dans toute son intensité. Peut-être Magda Hollander-Lafon inaugure-t-elle avec ce livre un temps nouveau, qui transcende la mémoire de mort de la Shoah pour que la mort n'ait pas le dernier mot, pour que le crime ne tue pas deux fois les êtres qui ont péri et ne laisse pas prisonniers d'une mémoire mortifère les êtres qui ont survécu.

La première partie de cet ouvrage, « Les chemins du temps », a été écrite en 1977, au sortir d'une chambre d'hôpital, dans un sursaut de vie. La mémoire de Magda était morcelée, comme pétrifiée par le silence, gelée par la peur. Elle avait oublié jusqu'à sa langue maternelle. Lentement, elle s'est restituée à cette mémoire qui resurgissait dans la justesse des mots qu'elle a accueillis. Elle a exploré ces ténèbres enfouies, pour, dans la clarté des regards aimants qui l'y aidaient, renaître à l'étincelle de vie qui ne l'avait jamais quittée.

Ce témoignage est ici réédité, accompagné d'un autre texte, « Des ténèbres à la joie » : une méditation née d'un chemin de pacification intérieure, nourri de la transmission de sa mémoire auprès des dizaines de milliers de jeunes lycéens et collégiens qu'elle a rencontrés. Pour cet exercice, Magda Hollander-Lafon a élaboré une méthode tout à fait particulière – d'une manière à la fois instinctive et instruite, puisqu'elle avait choisi son premier métier par vocation, psychologue pour enfants. Quelques semaines avant d'intervenir, elle fait distribuer un questionnaire aux jeunes : c'est la méthode de l'enseignement en son universalité prophétique, telle qu'elle est portée par les figures du rabbin, de Socrate, de Jésus. Questionner permet de ne pas imposer une mémoire trop lourde pour qui ne vient pas du même lieu. Avec l'étonnement qui surgit, quelque chose peut advenir à nouveau, renaître après s'être assoupi. Le récit de l'expérience de la Shoah n'est pas livré comme un souvenir obligé de l'horreur, mais il est offert en réponse à l'ouverture que les questions ont permise. Celui qui écoute ne se trouve pas face à la culpabilité et à la mort, mais face à la responsabilité et à la vie, à sa vie, aujourd'hui.

« C'est un tout petit bout de bonne femme, mais c'est une grande dame, écrit à son sujet un groupe de lycéen. Elle va avoir quatre-vingt-quatre ans mais elle est plus jeune que moi tant elle pétille de vie et d'enthousiasme. Elle dit qu'un regard et un sourire peuvent suffire à rendre la vie et, quand on voit son regard et son sourire, on sait que ce qu'elle dit est vrai. Avant de parler, elle a posé son regard sur toute la salle. Et il l'a illuminée. Elle veut m'appeler par mon prénom, comme elle le fait pour chacun. Elle nous dit que chacun de nous est unique et que cette unicité fait notre richesse. »

L'homme est capable du pire, il faut le savoir, mais c'est au meilleur que ces pages appellent. La foi de Magda Hollander-Lafon est joie spirituelle. Une joie ravie à la désespérance, volée à l'enfer qui a failli l'engloutir, nourrie par une vie de rencontres d'âme à âme. Cette femme a connu la grâce d'être réenfantée et nous invite dans ces pages à rejoindre la fécondité de la joie, où l'horizon tout entier se découvre comme réenfantement.

Anne-Sophie Jouanneau et Jean Mouttapa

Les chemins du temps

Les regards

Ma mémoire s'ouvre douloureusement à force d'appels. Je sors de ce long tunnel où je me suis terrée.
Des milliers de regards ont disparu
Sans savoir pourquoi. Ils m'appellent
Ils sont pleins de détresse
D'humiliation
Allumés par la faim
Éteints par la soif.
Le regard crispé d'une compagne avec les crocs d'un chien dans la chair.
Elle perd la vie à chaque pas.
Le regard anéanti d'une autre qui meurt sous les coups de bâton.
Des centaines de regards qui s'éteignent, épuisés par de longues heures d'appels.
Sur des milliers de visages perdus, l'abattement d'une vie trop tôt avortée.
Les camions arrivent et repartent dans les longues allées du désespoir
Remplis de vies tassées aux regards d'au-delà.

Quatre petits bouts de pain

Les mains tendues, décharnées, agrippent la vie avec des cris perdus.
La cheminée crépite.
Le ciel est bas et gris et jaune.
Nous respirons leurs cendres dispersées dans le vent.
Trente ans après
Je perce, émue, le mur épais de ma mémoire.
Pour que tant de regards quémandeurs d'espérance
Ne s'évanouissent pas
En poussière.

Le départ

Je me souviens d'un voyage de trois jours, entassés dans un wagon à bestiaux. C'est le dernier que nous ayons fait ensemble : maman, ma sœur et moi. Comme les oiseaux, devant les menaces, protègent leur tête sous les ailes, je flaire le danger les yeux fermés.

Une grande secousse, un sifflement hystérique : les portes s'ouvrent sur un grand brouillard, une lumière jaune glacée. Des aboiements d'hommes et de chiens m'enveloppent brutalement. « Allons, plus vite ! *Los, schnell !* » « Quel âge as-tu ? À droite ! » « C'est ta mère ? À gauche ! » « C'est ta sœur ? À gauche ! »

J'avance en aveugle à droite, et la mort, en quelques minutes, frappe à gauche.

Très vite on a fait naître un autre moi que de grosses bêtes noires et dentues bousculent vers un destin fragile.

L'air a une odeur de chair brûlée. Les chemins sont semés de cailloux coupants. Des pas traînent devant et derrière moi. Le convoi s'arrête. Je lève les yeux : un baraquement. Sans m'en rendre compte, je suis déjà assise dans la paille. Nous nous dévisageons en silence, sans bien savoir si nous sommes en face d'un homme ou d'une femme. Dans les pupilles dilatées de mes voisines, je me surprends saisie de me trouver en face d'une inconnue. Que fais-tu ici ? Tout cela n'est pas vrai ? Incroyable réalité !

C'est déjà le tous-les-jours d'Auschwitz.

Une journée

Un coup de sifflet strident. Nous sommes chassées de notre planche dans une mêlée de coups de coude, de coups de fouet, de coups de gueule. Bousculées vers les bidons qui fument, c'est une chance si dans le désordre nous arrivons à boire quelques gorgées de jus chaud avant l'appel du départ. Poussées dehors par n'importe quel temps, nous attendons le premier de ces comptages tatillons qui scandent nos journées. Au lever du jour, les colonnes s'ébranlent.

Nous avançons vers la grande porte de sortie la gorge nouée de peur, peur de laisser voir l'épuisement ou la maladie, ou simplement d'être remarquées, isolées du troupeau. Nos compagnes usées sont restées sur place ; nous ne les reverrons plus.

Notre groupe, ce matin, à Auschwitz, est dirigé vers les cailloux. Nous les cassons, les déplaçons, à droite, à gauche, selon l'humeur des organisateurs. À Ravensbrück, j'irai à la carrière de sable. À Nordhausen, je tournerai des boulons dans une usine d'aviation. À Zillertal, je casserai des fils et mêlerai des bobines devant un métier à tisser. À Francfort-sur-le-Main, je poserai des rails vers un terrain d'aviation. Les chiens et les gardiens veillent à je ne sais quel absurde rendement.

À midi, nous déposons les outils pour avaler une louche de soupe grise, transparente, debout, rêvant de nous asseoir. L'épuisement, la souffrance marquent les visages, les gestes. Des lèvres desséchées remuent imperceptiblement et le ciel est déjà ouvert dans certains regards quêtant l'aide ou la fin. Et nous ne pouvons rien, nos yeux, muets, sont notre seul lien. Agonies silencieuses qui blessent et secouent. Je serre les dents : « Non, pas encore ! »

Le travail finit avec le jour. À la grande porte de l'arrivée, mêmes regards guettant les défaillances et mêmes gestes indifférents pour orienter vers la mort. Nous nous redressons, l'espoir tendu vers un autre demain, un autre encore également affreux.

Une interminable attente, debout, pour la soupe du soir et un morceau de pain. Un long appel, les derniers coups de cravache à l'entrée du block, puis nous tombons avec le jour.

Les poux

Je me souviens de ces minuscules bestioles insinuantes et tenaces qui m'ont taquinée, grignotée, dévorée durant de longs mois.

Elles sont de tailles, de couleurs, de familles différentes. Il y en a de noires, bien dodues, qui se déplacent paresseusement mais qui ne s'arrêtent que pour donner un coup de pince en des endroits de choix. Les blanches, transparentes et menues, se groupent dans les coutures de nos vêtements. Tête blonde et ventre noir, voraces et agiles, d'autres se prélassent dans nos plaies et se régalent sans se préoccuper de nous.

En leur compagnie, je ne suis jamais sans distraction : si l'un des trois groupes est repu, un autre a déjà faim et prend le relais. Nuit et jour, les poux sont présents. Avec le temps et l'habitude, ils deviennent indiscrets. Ils poussent la hardiesse jusqu'à se promener au nez et à la barbe des SS qui, âmes d'élite et propres par excellence, ne peuvent tolérer cette vue. Une bonne séance de désinfection s'impose.

Nues, tremblantes, nos paquets de hardes serrés contre nous, un immense ventre de béton nous engloutit. Une cuve pour les vêtements, une douche froide pour nous, puis défilé devant une pompe à vélo qui crache un brouillard blanc. Un coup à droite, un coup à gauche et nous sortons blanchies, tondues, refroidies et pleurant de dépit, devant des spectateurs goguenards. Chaque séance est aussi un moment de sélection plein de risques. Si, par malheur, nous nous laissons étourdir par la faim ou par l'odeur, les chiens sont là pour nous rappeler à l'ordre.

En fin de séance, on nous jette des vêtements par-dessus une petite barrière. Ces chiffons ne sont jamais à notre taille. Dehors, en attendant les autres, nous essayons de les échanger entre nous. C'est une opération qui a ses dangers avec les regards en fil de fer barbelé qui nous entourent. Je l'ai quelquefois réussie. Il m'est arrivé cependant de revenir le soir avec une robe à traîne et des barques aux pieds. Les organisateurs de notre séjour se complaisaient à nous voir dans de tels déguisements.

Dans la paille de nos baraquements, nos petits hôtes noirs, blancs ou bicolores nous attendent. Ils nous en veulent de les avoir laissés jeûner aussi longtemps. Voluptueusement, ils reviennent à nous.

Le pain

La valeur d'une petite savonnette de pain noir dans le creux de la main : c'est un peu de vie que je fixe d'un regard dévorant.

Miette par miette, je le mange, je le fais durer. Je ferme les yeux comme un nouveau-né pour le savourer, pour m'en imprégner.

Si je ne suis pas vigilante, on peut me le prendre, s'emparer de ma vie, comme ça, sans crier gare : chacun pour soi. Et pour survivre, je dois être prête à jeûner de longs jours.

Il faut savoir ouvrir l'œil pour apercevoir une épluchure échappée des poubelles, comme on cueille une goutte de rosée blottie au creux d'un coquillage.

La faim me donne des étourdissements : je vois des mirages et des étoiles me brouillent les yeux. Je tends toute mon énergie pour chasser des visions de plats, de cuisine, de repas et me calmer l'imagination. Chaque jour est une bataille à gagner contre cette ennemie.

Je n'envie pas, cependant, ceux qui n'ont pas connu la faim, parce qu'ils ne connaîtront jamais la joie d'une miette de pain.

Les pieds

Mes pieds ont le poids d'une vie. Je les ai tant de fois suppliés de ne pas me lâcher. Ils ont traversé quatre saisons d'un ciel gris, oublié.

Nos corps marchent en dehors de nous, et des milliers de pieds s'efforcent d'avancer contre toute raison. Il vaut mieux ne pas savoir pourquoi, ni vers quel destin ils nous traînent. Nous sommes déjà sûres que s'ils refusent de marcher, d'autres pieds, chaussés de bottes rutilantes, sont prêts à nous achever.

À la grande porte des arrivées et des départs nous devons courir. C'est une routine presque quotidienne pour vérifier si nous sommes encore aptes au travail. Des robots glacés sont rangés de chaque côté de la porte, armés de fouets, de chiens et de cannes. Nous courons, engourdies de peur. Pour alléger notre course, pour mieux éviter les coups et les morsures, nous abandonnons nos godasses ou nos sabots. Ralentir, faire un faux pas, c'est être crochetées aussitôt par une canne, mises à part : sélection fatale. Celles qui viennent en fin de cette longue colonne butent sur des corps sans vie, trébuchent sur des obstacles épars.

À pas déréglés nous continuons à courir au-delà de la porte, haletantes, par réflexe, avec des visages crispés de peur.

Notre vie dépend de nos pieds. Ils sont douloureux et agitent nos courtes nuits. Nous nous demandons à chaque lever du jour si nos pieds meurtris, portant le poids trop lourd des âmes dénudées, traverseront encore un lendemain.

L'homme et le pain

Hier, nous étions bien au chaud, à l'abri, protégés par nos affections et sécurisés par nos biens. Nous avions un sentiment convenu de ce que nous étions. L'échafaudage s'est écroulé. Dépouillés de nos apparences, qui sommes-nous ? Des mendiants ? Des riches ?

Je n'avais pas encore seize ans lorsque j'ai vu le visage de l'homme se transformer en celui d'un fauve. Une fois les conventions sociales rompues, pour un morceau de pain, nous ne nous connaissons plus : nous écrasons notre semblable sans scrupule.

Étendue sur ma couche, à Auschwitz, j'ai vu une femme absorbée dans sa prière ; un morceau de pain dépassait de sa poche. Une compagne de misère s'est approchée furtivement et s'est emparée de ce bout de pain qui était la vie même. Voyant cela, j'étais bouleversée. Mais je convoitais aussi ce morceau de pain.

J'ai connu des êtres qui ont supporté ce dénuement avec grandeur. Ils ont su garder un cœur généreux et des yeux lumineux et attentifs. Dans cet extrême dépouillement, dans cette inexistence où aujourd'hui, hier et demain étaient des abstractions, leur témoignage rend à l'homme ses dimensions et, pour nous qui avons eu la chance de les connaître à ce moment, a fait renaître le goût de vivre et d'espérer.

Le berger allemand

Je traîne mes sabots et une grande obsession : devenir un berger allemand.

Ce sont vraiment de belles bêtes, avec leur poil luisant, leurs yeux vifs et leurs crocs pointus. On leur parle comme à des hommes. Ils ont droit aux sourires, aux jeux et leurs repas sont assurés. Nous sommes des milliers d'hommes et de femmes à envier leur sort.

Ces chiens ne sont pas tendres avec les prisonniers, et pourtant je n'ai jamais eu peur d'eux. Je les caresse du regard, chacun, et je cherche parmi eux celui qui, de mon enfance, a supporté toutes les gamineries et la grande tendresse. Jamais je n'ai été mordue.

L'un d'eux, un jour, a poussé l'insolence jusqu'à désobéir à son maître : il s'est frotté contre ma jambe sans la blesser. La bête a-t-elle senti mon affection ?

Cette sensation alors si enfouie et sa rencontre avec un cœur anesthésié restent vivantes dans ma mémoire.

La soif

Il règne un tel désordre dans la distribution de la soupe et de la boisson à Birkenau que lorsque mon tour vient pour tendre ma gamelle, il n'y a plus rien.

Je n'ai pas bu depuis plusieurs jours. J'ai soif ; mes lèvres sont pleines de crevasses, ma langue est enflée et mes sens complètement engourdis. Je me serais jetée sur n'importe quelle flaque d'eau si mes camarades n'avaient pas été là pour m'en empêcher. Les pupilles se dilatent, les yeux deviennent hagards, on vous tient pour fou.

J'ai dû sombrer dans l'inconscience puisque je n'ai le souvenir que d'une sensation de vie qui revient en moi.

J'ai senti des gouttes d'eau. D'où venait cette eau ? Je ne l'ai su que plus tard. Des compagnes inconnues sont venues à mon secours et ont fait à temps des miracles pour m'en procurer. Dans ma mémoire, elles n'ont pas de nom, pas de visage. Je ne sais si elles sont vivantes ou mortes. Je sais que je leur dois la vie.

J'ai vu des camarades agoniser de déshydratation.

Une fois, sans m'en rendre compte, j'ai bousculé l'un de ces squelettes pas tout à fait mort. Il a senti le choc et bougé la jambe. Souvenir douloureux. Je n'ai pas pu le secourir ; c'était trop tard. J'avais eu, moi, de la chance, une fois de plus.

Edwige

Edwige est une ancienne déportée d'Auschwitz devenue chef de block.

Je sens encore maintenant la coupure de son fouet sur mon corps et la puissance de ses gifles, et j'entends ses insultes haineuses : « Dépêchez-vous de crever ; la pitié est criminelle ; vous êtes des bouches inutiles ; la bonté est stérile ; nous sommes toutes des ennemies. »

Les cris de douleur, les gémissements et nos silences épuisés l'irritent et les coups tombent de plus belle. Les visages âgés, surtout, provoquent sa cruauté : « Vous volez le pain des jeunes, hurle-t-elle, qu'attendez-vous pour crever ? » J'ai vu des compagnes s'écrouler à ses pieds ; elle les achevait à coups de pied ou de cravache.

Elle joue le jeu de la mort avec désinvolture, préoccupée de se soigner, de se parer grâce à ses vols.

Elle distribue le thé chaud du matin d'une

main et de l'autre frappe au hasard, hurlant pour essayer d'obtenir le silence, de réduire le désordre. Elle nous sert un fond de timbale et, avec tout ce qui reste dans le grand bidon, elle fait devant nous sa toilette.

Au soir des longues journées, elle est là, devant la porte de la baraque, propre, fraîche, parée d'une nouvelle tenue qu'elle a troquée contre notre pain. Combien ont payé de leur vie la coquetterie d'Edwige ?

J'ai mis trente ans à pouvoir évoquer le visage d'Edwige. Le printemps est revenu dans mon cœur, puisque je puis parler d'elle sans que m'envahissent les boues sales de la haine. Elle était chaque jour la tentation du désespoir. Elle était l'une d'entre nous domestiquée à l'image de nos bourreaux. Mais comment oublier l'agonie de mes compagnes ? Comment pardonner son regard de mépris, son rire cruel devant notre dénuement ?

Qu'est-elle devenue ? Je n'en sais rien, mais je sais qu'elle reste pour moi un inquiétant mystère.

Ma couverture

Ma couverture est un clown tendre au visage
couleur de l'usure.

Aux jours fastes
elle sert de garde-manger :
betteraves et confitures volées
régiments de vermine
s'y entassent à même
laissant des traces bariolées.

Nous raclons, blessées dans nos chairs,
la route des convois insensés.
Le soir, épuisée,
je me roule dans sa chaleur usée
comme dans l'oubli.

Elle me souffle aussi de sa voix élimée :
« Du cran !
Il faut continuer.
Il n'est pas permis de faiblir.
Les sentiments tuent, ne l'oublie pas ! »

Il faut se donner une certitude :
que ce cauchemar finira.
Même si croire seule est difficile.

À travers son visage
gris, taché, rongé
je vois des ronds de ciel nu
souvent noir.
Parfois plein d'étoiles,
manière de forcer ma chance.

Et avec les ailes de mes rêves blessés
je me serre contre elle.
Puis je ne pense plus à rien.

Comment ?

J'étais trop jeune, et je n'ai pas compris pourquoi nous étions condamnés à mort.

De quoi étions-nous coupables ?

Je n'ai pas compris la métamorphose des gens ; les uns transformés en bourreaux, d'autres en victimes.

Comment cela a-t-il été possible ?

Comment sommes-nous devenus des oubliés de l'humanité ? Comment se fait-il que personne ne s'intéressait à nous en dehors de nos tortionnaires ?

Nous ramassions des morceaux de journaux trouvés par hasard et en cachette nous en dévorions les mots à la recherche d'un message pour nous.

Comment se fait-il que nous n'ayons jamais rien reçu ?

On a volé des milliers de vies sous mes yeux et je marchais sans voir d'autre issue.

Nos larmes dans un ciel sourd et muet devenaient des nuages gris, lourds de colère et de peur.

Comment cela a-t-il été possible ?

Il existait aussi ceux qui avaient l'espoir dans le regard. Ces regards m'ont aidée à tenir debout.

Aujourd'hui je vis, je réfléchis et, difficilement, j'écris, parce que plus je réfléchis, moins il m'est facile de répondre à toutes ces interrogations.

L'appel

Nos surveillants pleins de zèle ont comme objectif de nous faire disparaître, mais proprement. Aussi s'appliquent-ils à nous doucher, à nous dépersonnaliser, à nous tondre, à nous désinfecter, en moyenne une fois par mois.

Ils veulent aussi savoir exactement ce qu'ils font et, pour cela, nous comptent souvent. Ils y mettent de la fantaisie et des soins. Tout tient à leur état d'âme. Une lubie d'exactitude, et nous sommes déjà dehors, par rangs de cinq, à n'importe quel moment du jour ou de la nuit.

Quatre calculateurs se suivent, se contrôlant les uns les autres. Leur accord demande un temps infini. Le soleil, la pluie, le gel ne les découragent jamais. Ils ont une conscience pointilleuse de leur devoir et l'exécutent avec une discipline de fer. S'il leur paraît manquer quelqu'un, ils peuvent toujours, pour simplifier, supprimer des centaines de numéros. Souvent, on retrouve déjà morte la malheureuse absente. Nous sommes debout à attendre.

Nous attendons, au milieu de l'agitation des chiens, des fouets, des gardes, fatiguées d'avoir tant d'importance. C'est avec rage que nous assistons, impuissantes, à l'addition et à la soustraction de ces milliers de matricules emmêlés.

Il nous arrive souvent d'être réveillées au cœur de la nuit par des coups de gueule accompagnés de coups de fouet. Les fouets ont une grande personnalité. Ils s'expriment avec vigueur et rigueur. Ceux qui les manipulent impriment leur image. Il ne faut pas chercher la raison de ces épanchements. C'est seulement un besoin impérieux d'exprimer sa force, sa virilité et son importance.

Ce matin-là, encore une fois, le soleil sans chaleur s'est levé. Nous échangeons avec nos sœurs encore debout un regard d'espoir. Un ciel pâle, un nuage rond, une goutte de pluie recueillie sur le bout de la langue, et nous sommes encore vivantes.

Le bon gardien

La bonté m'a souvent rendu visite. Elle prend cette fois un visage repoussant, plein de traces de petite vérole. Ses yeux noirs lancent des flammes terribles et sa voix est rude et tonitruante. Dans mon for intérieur, j'ai de l'aversion pour ce grand corps fruste, écrasant de puissance.

Nous clouons des rails et déchargeons des wagonnets pleins de traverses. Nous sommes arrivées à destination après plusieurs jours de voyage. Nous sommes encadrées par des gardiens, travailleurs eux-mêmes, et l'ensemble est étroitement surveillé par des uniformes noirs, marqués de la tête de mort.

J'ai, depuis plusieurs jours, beaucoup de mal à suivre les autres, et je regarde avec envie les pieds de ceux qui sont encore chaussés : mes godasses ont été volées. Elles avaient pour moi beaucoup de valeur : les semelles étaient doublées à l'intérieur de notes prises en cachette, sur des bouts de sacs de ciment récupérés. Ces vols sont fréquents. En échange, on m'a laissé une paire de godillots trop larges, qui respirent le froid à pleins trous. C'est la vie même qui m'a été dérobée. Je marche sans rien voir, les yeux rivés aux pieds qui traînent devant moi. Une voix hargneuse et puissante me rappelle qu'il faut accélérer.

Des larmes de froid coulent sur mon visage, et la souffrance de mes pieds gelés est terriblement vivante.

Au travail, je frappe sur les clous avec rage et désespoir.

Le vilain visage à grosse voix a tout vu : brusquement, il m'arrache le marteau des mains, et m'ordonne de le suivre. Il me conduit près d'un feu de bois, à l'abri des regards. Avec des éclats de voix méchante, mais qu'un regard de bonté dément, il gesticule ostensiblement, et frictionne mes pieds avec des journaux.

Il sort de son sac une paire de galoches dont il me chausse.

Avec ce geste gratuit, il me rend la vie, et risque en même temps la sienne.

Mon bon gardien est devenu, durant quatre mois, l'ami caché, attentif, compatissant. Durant ces cent vingt jours, le travail a été moins dur, les journées moins longues, parce que j'ai vu dans ses yeux mon visage humain.

À son départ, j'ai pu de nouveau pleurer et espérer encore en la bonté des hommes.

Le concerto d'Auschwitz

Vingt-huit années avant de pouvoir réentendre le *Concerto pour violon* de Brahms. Chaque son me laboure la chair et arrache de moi l'image d'une journée torride sans ombre, à Auschwitz.

Vers deux heures, des milliers de déportées entourent une estrade de planches au milieu de l'allée centrale. Les privilégiées se trouvent dans les premiers cercles. Celles qui se trouvent à l'arrière se bousculent, se faufilent vers le premier rang. Le seul coin d'ombre, sous l'estrade, est hermétiquement interdit par les gardes et leurs chiens. Lentement, en procession, avec une démarche un peu tendue, mais digne, les musiciens, des artistes de premier plan, de différents pays, prennent les places qui leur sont assignées. Ils ont le crâne rasé, sont vêtus d'un pantalon rayé bleu et gris et parés d'une jaquette noire sur la veste d'uniforme.

Dans la foule pressée l'attaque du premier

mouvement me transporte de joie. Accroupie, frissonnante d'émotion, je suis entraînée dans un monde féerique où la souffrance s'habille d'une beauté magique. Par petites ondées douces la musique me pénètre comme un souffle de vie.

Le début du deuxième mouvement est encore pur et dense ; il rit et pleure en nous.

Le temps est immobile mais le soleil est là.

Il nous aspire.

Des fourmillements dans la tête, dans les oreilles me tétanisent. Je garde aujourd'hui encore de ce troisième mouvement une impression paralysante de piqûres venimeuses. La conscience est là, mais en visite seulement. La musique, peu à peu, se disloque et, dans un dernier son dérisoire, un instrument tombe sur l'estrade, puis un autre, et un autre encore. Je ne perçois plus que des gémissements de violon dans une sorte de brume. Le soleil, avec ses flèches, a raison de nous. L'orchestre devient comme une toile qui vieillit, s'use à vue d'œil, se troue et tombe en poussière.

Dans ma conscience engourdie j'ai compris le jeu diabolique des SS. La meute des chiens arrive. En moins d'une heure, la grande cérémonie est terminée. Celles d'entre nous qui le peuvent encore se lèvent et, d'une démarche ivre, regagnent les baraquements. Les autres, mortes ou moribondes et flairées par les chiens, sont restées à terre comme des feuilles mortes après la bourrasque.

Le soleil devait frissonner devant ce spectacle. Ce jour-là, j'ai juré de vouloir rester en vie. Pour dire aux hommes qui oublient de rester vigilants.

Vivre

Comment oublierais-je les grandes flammes du crématoire qui ont consumé mon enfance ?

Le désespoir a laissé la place au vide. Une fatigue inhumaine a pris possession de moi ; elle m'a fait perdre jusqu'à la mémoire. Une journée, une semaine, une nuit, une longue éternité se sont brouillées dans mon cerveau. J'étais seule ; je n'étais plus rien. D'où venaient ces larmes ? Étaient-elles encore les miennes ? Étrange sensation de ne pas s'appartenir : la réalité, le rêve, le désespoir se chevauchent. Comme il aurait été facile de s'abandonner, de se laisser aller au vertige de la mort.

Tout était prévu pour créer cette vie désespérante ; on cultivait avec soin autour de nous et en nous la peur, l'incertitude, le mensonge, pour nous faire basculer dans la folie ou la mort. Je ne peux oublier nombre de mes compagnes qui s'entraidaient, la nuit, à se pendre dans les toilettes, au fond de la baraque, avec pour corde des lambeaux de leurs vêtements.

On nous arrachait toute identité : souvenirs, vêtements, et même cheveux ou dents si elles étaient couronnées d'or. Mais la fraternité restait au cœur de quelques-unes et rayonnait.

J'entends encore la voix chaude d'une camarade qui était là depuis cinq ans et nous disait : « Ayez confiance dans la vie. Chassons le désespoir. Cultivons l'amitié entre nous. Rassemblons nos forces. Ne perdons pas courage : les faibles ne vivent pas ici. Il nous faut survivre. Il nous faut des témoins. »

Ces paroles venaient d'une sœur inconnue. Elles ont pris racine en moi et longtemps m'ont aidée à vivre aux moments d'épuisement.

Si, aujourd'hui, je traverse courbaturée le pont de ma mémoire, c'est pour que vive longtemps le souvenir de celles et de ceux à qui l'on a volé leur vie et qui, jusqu'au bout, ont voulu nous donner le courage de vivre.

Noël 1944

Je n'oublierai pas Noël 1944. Deux jours de repos pour les tisserandes que nous sommes en ce moment. En un an de déportation, c'est la première fois... Deux jours sans travailler, loin de cette maudite usine où, du matin au soir, j'emmêle les bobines !

Je n'étais pas douée pour ce métier et je n'ai rien fait pour m'y appliquer. J'ai déployé plein de faux zèle éclatant d'innocence ; mes gardiens en étaient, pour une fois, déroutés. Je n'ai pas reçu un seul coup en trois mois et c'est un record appréciable.

Au soir de Noël, une grande surprise nous attend. L'usine nous fait cadeau d'un repas de fête : un petit cube de margarine, deux rondelles de saucisson et, pour combler notre joie, deux cuillères à soupe de sucre cristallisé. Que d'étoiles dans une cuillère en bois.

Nous savourons ce festin doucement pour le faire durer longtemps. C'est bon. Notre palais est en fête et un bien-être chaud s'installe en nous. Il faut si peu pour donner un coup de pouce au goût de vivre, à l'instinct de survie.

Nous devenons poétiques, parlons de nos menus préférés. Nous récitons des poèmes. Un présent momentanément adouci nous relie à notre passé. « Te souviens-tu de telle amie ? De tel endroit ? Du marchand de graines de tournesol grillées, au coin de la rue de l'école ? De ce livre que j'ai tant aimé ? » Nous sommes redevenues pour quelques minutes des êtres humains, avec une histoire au-delà de ces minutes arrachées au passé et à un avenir incertain.

Je suis quelqu'un dans les yeux de mon amie ; nous avons en commun des souvenirs et des pensées à partager. Tout n'est pas mort en nous : même bien bref encore, il y a ce passé. Ce sont des instants privilégiés, si fragiles et si mesurés ; nous les saisissons et les enfermons dans notre cœur comme un don extraordinaire.

L'attente

C'est long l'attente
Dans le cœur de l'hiver
La touffeur de l'été
Pleine d'inconnu, menaçante

Nous attendons
Durant des secondes usées
Des minutes broyées
Des heures sans fin
  le pain
  la soupe grise
  le jour
  la nuit

Nous attendons
Avec les yeux
  qui défient
  supplient
  se résignent
  s'éteignent

Les chemins du temps

Nous attendons silencieux
Avec les mains prêtes à prendre
  à se tendre
  à serrer
  à s'abandonner

Nous attendons la fin
D'un travail harassant
Avec des jambes enflées
  crispées
  pesantes
  douloureuses
Des marches forcées
Des appels prolongés à plaisir

Nous attendons
Dans les fils barbelés
Avec un cœur plein à craquer
Essoufflé d'impatience
Battu de rage et d'impuissance
De haine et d'angoisse

Nous attendons
Avec une lueur d'espoir

Les dernières marches

Les Alliés progressent.
Derrière nous, la canonnade est de plus en plus proche.
Où allons-nous ?
L'exode est long avant la liberté.
Combien de kilomètres par dizaines et par centaines ?
Je mesure la distance à l'effort qu'elle coûte.
J'arrache chaque pas qui est effort dans le brouillard et le dénuement.

Je marche
sans rien voir.
Je bute contre les cailloux
avec une seule pensée :
ne pas tomber.
Je n'ai plus la force d'avoir peur ni d'espérer.
Nous vivons de rien depuis plusieurs jours.
Nous dormons dehors dans la boue gluante.
Notre convoi s'amenuise d'heure en heure.

Restent des ombres maculées de crasse et de
boue.
Avec de grands yeux morts.
Visages de hiboux.

Je marche tête baissée pour concentrer mon
effort.
Je veux revenir de cet ailleurs.
Rester debout.
Mon existence est hors du temps.
Elle m'échappe.
Je marche.

Longtemps après mon retour j'ai scruté les
visages.
J'interrogeais les cœurs.
Je soupesais les gens à leur poids de bonté :
Qui nous aurait aidées à marcher ?
Qui aurait partagé son pain ?
J'avais soif de lire la bonté sur les visages des
vivants.

À toi

Je ne me souviens plus du moment où je t'ai rencontrée. Ma mémoire m'a souvent abandonnée. Je sais que, construite hors du temps, dans l'épreuve, notre amitié se prolonge vivante aujourd'hui.

Te souviens-tu des pains entiers volés dans les réserves à Francfort-sur-le-Main ? Plus consciente du danger que je courais, tu avais très peur pour moi.

Et notre maladresse devant cette immense machine à tisser, à Zillertal, dont le bruit et la vitesse nous donnaient le vertige ? Mais ce fut, il est vrai, le seul endroit de ces années où nous n'avons pas été traitées uniquement comme des numéros inutiles.

Tu récitais si bien des poèmes avec ton grand regard rêveur. Je t'écoutais avec ferveur, tellement ignorante en face de toi.

J'entends encore craquer les poux sous nos ongles et nos dents claquer de froid, de peur, sous la tente glacée de Ravensbrück. La mort nous serrait si fort la main.

Quand je manquais de courage, ton regard me rappelait à la vie.

Te rappelles-tu, sur la route de l'exode, avec quel battement de cœur nous avons quitté le convoi ? Nous devions être trois et nous nous sommes retrouvées à cinq dans les ronciers touffus, attendant nos libérateurs. Nous sommes restées six longs jours sans nourriture dans la forêt de Bischofferode. Là, tu as eu peur que je ne t'abandonne. Tu as douté de mon amitié, mais tu étais si faible, dévorée par la fièvre et la gale.

Après la Libération, nous nous sommes peu vues, mais le temps n'existe pas pour nous. Nous n'avons pas besoin d'excuses ni d'explications. Nous avons appris à lire sur des lèvres fermées.

Que de sentiments je n'aurais su exprimer ou qui n'auraient pas eu en moi la même vie sans ton amitié.

Un sourire, un regard me transportent de joie et d'espérance. Cette amitié reste une force en moi, et je continue à boire de cette eau vive.

L'odeur du pain

Notre voyage vers la renaissance s'étire durant deux jours. Nous sommes anesthésiées de fatigue et de faim. Le Paris de nos rêves est encore loin. C'est Namur. La curiosité, l'odeur délicieuse du pain, aiguë et veloutée, nous a tirées de notre engourdissement. Nous sommes descendues, nous avons mangé, et nous sommes restées.

Pain… Soleil… Vie… La lumière est étourdissante. Nous sommes heureuses et inquiètes. Qu'allons-nous faire dans cette nouvelle vie, pour nous encore sans chemin ?

À peine rassasiées, nous voilà déjà brassées, comptées, distribuées. Regards étonnés ou routine, visages de circonstance : nous sommes cernées de pitié à fleur de peau, d'émotion facile. À fuir. Mais il faut parler, se justifier d'être là. « Nom, âge ? » Trou de mémoire, silence. « Pressez-vous, allons, plus vite. Vous n'êtes pas seule »… Il faut se souvenir, à tout prix. Prendre conscience rapidement. De toute façon, dire quelque chose.

C'est fatigant de renaître dans un monde déjà en marche. Le rythme est vertigineux. J'ai le souffle coupé. Mes yeux se sont à peine ouverts que je voudrais les refermer.

Le privilège de mon âge – dix-sept ans – et mon état délabré me valent du repos et des soins particuliers avec quatre de mes camarades. Nous avons trois mois devant nous dans une belle campagne aux environs de Namur. Je ne suis ni contente ni malheureuse. Je me laisse sombrer dans une demi-inconscience protectrice. Allons-y, nous verrons après...

Une vraie maison

Notre propriétaire est une vieille demoiselle cassée en deux. Elle a un nez pyramidal, des yeux bleus délavés, enfouis loin dans les orbites. Son visage est strié de rides encrassées. Elle cache derrière des lèvres serrées sa mauvaise humeur et une bouche vide de toute dent.

Elle nous accueille avec une grimace étriquée. Cinq jeunes filles sont venues troubler sa quiétude. Elle vit au sous-sol de sa grande maison de deux étages avec une colonie de chats paresseux et laids.

Avec elle, nous visitons les lieux. Nous sommes éblouies. Un vrai intérieur plein de meubles. Dans les chambres, il y a un lit… La vision de ces objets familiers, dont j'ai oublié jusqu'à l'existence, m'émeut. La planche de bois est aujourd'hui un lit trop doux.

Les baraquements se sont transformés en une vraie maison.

Le fil de fer barbelé en un jardin fleuri.

Est-ce bien réel, tout cela ? Ou est-ce encore un traquenard ?

Il me faut du temps pour comprendre.

Je mets plusieurs semaines pour retrouver le plaisir d'un lit doux.

Nous avalons des pains entiers avec des omelettes en poudre d'œuf.

Cette sensation féerique de n'être plus rationnées nous grise, jusqu'à nous rendre malades.

Peu à peu, nous nous rendons compte que nous disposons de nous-mêmes, à notre gré, librement.

Cette liberté reconnue est lourde de promesse et d'angoisse.

Mon corps est satisfait, mais l'âme qui l'habite est courbaturée, malade.

Où chercher ? Comment trouver le remède au mal de vivre ?

La vision d'un accouplement à Auschwitz, la femme rejetée bleue et tremblante, me protège des soldats américains sur lesquels se précipitent certaines de mes compagnes.

Ils sont bien dodus. Brillent de décorations et d'inconscience.

Ils cueillent ces fruits pesants sans se poser de questions.

Non, pour moi, ce n'est pas là ma liberté.

Le sourire

J'erre, écrasée de solitude, dans une campagne de soleil. La vie est pesante. Le séjour de repos organisé par les administrations d'accueil se termine à la fin de ce mois d'août 1945. Que faire ? Que choisir ? Vers qui, vers quoi se tourner ? Je ne suis vivante que dans mes propres yeux ; pour les autres, qui suis-je ?

J'ai le choix entre deux solutions : en finir ou continuer. Mais pas à n'importe quel prix. Mes jambes me promènent, mais je ne vois rien. Une guerre sourde se fait en moi. Le pendule de la décision en est affolé.

Un couple est venu à ma rencontre. Je ne l'ai pas vu arriver. Ils sont devant moi : trop tard pour fuir. Je suis fascinée par le sourire de la dame. Sa gentillesse me réveille à la vie, mais m'entraîne aussitôt dans un monde incompréhensible, inquiétant. L'impossibilité de communiquer me paralyse. Il n'y a qu'échange de gestes et le timbre chaud des voix ; puis le malaise d'un silence maladroit.

J'ai hâte de partir, de retrouver ce moi qui existe sans doute, abandonné aux courants d'air. Ces nouveaux amis l'ont senti et m'ont laissée seule au milieu de ce carrefour aux mille chemins.

Cette rencontre accidentelle est devenue plus tard le fil conducteur d'un nouveau départ. J'ai fait sur ce fil beaucoup d'acrobaties, mais je n'ai jamais oublié la chaleur, la bonté de ce premier sourire.

J'ai choisi le chemin éclairé par le sourire du hasard. Il était plein de ronces, et souvent je m'y suis blessée, mais le soleil est apparu aux bons moments. Aujourd'hui, l'amour a séché les plaies qui sont autant d'ouvertures sur les chemins de l'amitié.

Mourir

Elle m'aurait lâchée cette sacrée vie
Si je l'avais laissée faire

C'était facile
Un éclair de vertige
Le bonheur fluide d'un instant

Mais le Printemps faisait du bruit
Dans ma mémoire si tôt blessée
Et je l'ai entendu
Au-delà des barbelés

La valise trouée

En septembre 1945, j'ai fait ma rentrée dans la vie avec une valise trouée. À défaut de vêtements, elle était bourrée d'espoirs, de rêves et de craintes aussi.

Mal à l'aise comme dans un vêtement étriqué, j'ai frappé à la porte de la dame au sourire. Elle m'a prise pour faire son ménage et sa cuisine. Je ne savais rien faire. Que de choses à apprendre à la fois ! La dame au sourire s'en est vite rendu compte et j'ai souvent lu l'agacement dans ses yeux. Il fallait si peu de chose pour me donner du courage, mais un rien me l'ôtait.

Je parlais couramment avec les yeux et les mains. Je savais lire dans les regards ; un sixième sens me servait d'antenne. Je ne connaissais en français qu'un seul mot : « formidable ». Un si grand mot dans la bouche d'une ignorante !

Pour le ménage, je n'étais pas douée, mais la cuisine me passionnait. Je faisais de la cuisine émotive. Pour un sourire, j'inventais des mélanges sucrés, insolites, qui étonnaient le goût de mon entourage.

Après quelques semaines, la dame au sourire m'a annoncé son départ pour l'Amérique ; d'un seul coup, mon enthousiasme pour la cuisine est mort et ma vie, de nouveau, s'est vidée.

Un monsieur très conscient de son importance avait besoin d'aide en attendant le retour de sa famille. Je suis allée chez lui avec, dans ma valise, beaucoup d'espoirs déçus. Mais travailler pour cet homme aux doigts en pattes de sauterelle qui arrachaient sans scrupule le cœur blanc des petits pains belges pour l'abandonner sur son assiette ne me disait rien. Lui, d'ailleurs, se méfiait de mes inventions et nous nous sommes quittés sans regret.

Je suis partie, une fois de plus, avec ma valise trouée, pleine de vêtements, allégée de rêves, un peu plus lourde de déceptions et de craintes. Avec encore la volonté d'espérer, d'être utile.

Il m'a fallu trente ans pour me résoudre à écrire ce livre.

Ces quelques pages sont nées d'un passé sombre que l'amour de mon mari, l'arrivée souhaitée, inespérée, exigeante de nos quatre enfants, les amitiés m'ont permis d'assumer. Je trouve aussi leur source dans les traits de mes parents, dans ceux de mes compagnes avec lesquelles j'ai cheminé un an : leurs paroles, leurs silences me sont devenus une raison de vivre pour témoigner et espérer. Le mystère des rencontres existe ; il m'a soutenue par sa lumière, et plusieurs fois rendu la vie.

Aujourd'hui[1], je sais avec certitude que l'amour créateur de mon époux, mon ami, m'a pacifiée parce qu'il a su croire en moi. Nous continuons avec les joies, les difficultés de chaque jour – mais avec passion – depuis vingt et un ans, à réinventer l'Amour.

Sa famille est devenue aussi la mienne. Ses parents ont su lui dire sans me connaître : « Tu l'as choisie, c'est qu'elle est bien. » Leur confiance m'a réchauffé le cœur et m'a aidée sur le chemin de la réconciliation.

La fidélité, la dame au sourire rencontrée au moment de solitude et son attachement malgré le temps et les difficultés, les mille miracles de l'amitié m'ont permis de relire mon passé avec un regard d'espérance et de plonger dans la vie avec foi et enthousiasme. Je crois à l'Amour. Il enflamme la vie autour de lui.

---

1. *Les Chemins du temps* a été publié en 1977 aux Éditions ouvrières, et préfacé par Roger Ikor. La présente version a été revue et corrigée par l'auteur. (*N.d.E.*)

Des ténèbres à la joie

« J'étais nu et tu m'as vêtu. »

Matthieu 25, 36

« Le pardon n'annule pas ce qui a été, mais conserve le passé pardonné dans le regard purifié. »

Emmanuel Levinas

« Dieu, Tu ne peux rien pour nous. C'est à nous de T'aider. »

Etty Hillesum

Le sens de ma vie

À Birkenau, une mourante m'a fait signe : ouvrant sa main qui contenait quatre petits bouts de pain moisi, d'une voix à peine audible, elle m'a dit : « Prends. Tu es jeune, tu dois vivre pour témoigner de ce qui se passe ici. Tu dois le dire pour que cela n'arrive plus jamais dans le monde. » J'ai pris ces quatre petits bouts de pain, je les ai mangés devant elle. J'ai lu dans son regard à la fois la bonté et l'abandon. J'étais très jeune, je me suis sentie dépassée par ce geste et par la charge qu'il sous-tendait.

J'ai longtemps oublié cet événement.

En 1978, Darquier de Pellepoix a dit : « À Auschwitz, on n'a gazé que des poux. » La perversion de cette parole m'a révoltée et a fait remonter en moi la mémoire du geste de cette femme. J'ai revu son visage. Je ne pouvais plus me taire.

Quatre petits bouts de pain

Prendre la parole est une épreuve pour moi, mais je ne peux me dérober ; j'obéis non pas à un « devoir de mémoire » mais à une fidélité à la mémoire de celles et ceux qui ont disparu devant mes yeux.

J'ai été déportée à seize ans. Des juifs hongrois, je suis une des rares à être revenue.

J'ai été épargnée.

Je suis vivante.

J'ai dit oui à ma vie.

Il est évident pour moi qu'il fallait transformer cette mémoire de mort en appel à la vie. J'ai compris que la paix ne peut se construire que si chacun de nous trouve ou retrouve le goût de *sa* vie.

Je tourne doucement les pages de ma vie. Il y a des pages blanches, des pages jaunies, effacées, et des pages silencieuses en attente de révélation.

Demain est entre mes mains.

Ma mémoire était en hiver.

Par un long travail intérieur, le dégel s'est fait doucement.

Les couleurs lumineuses de l'automne éclairent aujourd'hui mes jours.

La dernière minute

Comment faire du lieu de mort qu'est Auschwitz un lieu d'appel à l'avenir ?

Les cris poussés jusqu'à la dernière minute dans le désir de vivre seront-ils à jamais entendus ?

Je souffre quand j'entends dire que mes frères et sœurs sont entrés dans la chambre à gaz « comme des moutons muets » alors que je les entends encore prier, implorer l'Éternel jusqu'à la dernière minute.

Cette dernière minute, celle de leur espérance en la vie.

Nos disparus ne nous invitent-ils pas aujourd'hui à tirer un enseignement de paix de cette barbarie, afin que rejaillisse sur nos vies et celles des générations montantes un meilleur lendemain ?

Je voudrais que cette mémoire imprimée dans mon cœur inspire la force de vivre et d'agir pour que « jamais plus » puisse devenir une réalité.

Dieu parle en nous et par nous.

Il a demandé à Adam : « Où es-tu ? Où en es-tu ? »

À Caïn : « Qu'as-tu fait de ton frère ? »

Ces deux questions de l'Éternel habitent et animent ma vie.

La Hongrie

La mémoire de mon enfance et de mon adolescence a longtemps été aussi noire que le silence des adultes. La blessure hongroise était si douloureuse que j'avais verrouillé ma mémoire. J'avais oublié jusqu'à ma langue maternelle.

Aujourd'hui, je me sens disponible pour renouer les liens avec mon passé hongrois.

La force m'a été donnée par l'aide délicate, constante de ma fille Anne et par un silence intérieur. Avec elle, je suis retournée en Hongrie et j'ai pu apaiser la rancœur qui m'emprisonnait contre les habitants de ce pays. Plus de quatre cent trente-sept mille juifs ont été déportés en trois mois seulement à partir d'avril 1944.

Comment donner corps au livre de ma mémoire sans y écrire le chapitre de ma blessure hongroise ? Sans cette pacification intérieure, je ne me serais pas sentie suffisamment libre pour m'inscrire dans mon histoire.

Cette traversée m'a demandé une grande humilité et un temps hors du temps.

Dans les fissures de mes blessures, j'ai essayé de faire pousser la vie.

Y suis-je arrivée ?

Le voile qui me sépare de l'enfant, c'est le connu.

De mon enfance, il ne me reste que des instantanés. Des petits riens, comme des étincelles, remontent des profondeurs de mon laboratoire.

J'ai dans les yeux une maison jaune avec un auvent, sous lequel je dévorais des kilomètres avec ma trottinette. Nous avions un grand jardin avec des arbres où je grimpais me réfugier lorsque j'étais en colère. Je chantais à tue-tête en balançant mes pieds, toisant la terre entière. J'aimais aussi m'y retrouver, des bouts de papier plein les poches, pour écrire ce que je pensais.

Enfant, j'étais indisciplinée, surtout après la naissance de ma petite sœur Irène dont la présence à mes yeux prenait trop d'importance auprès de ma mère. Nous avions quatre ans de différence, j'en voulais au monde entier pour l'ombre qu'elle me faisait.

Je devais avoir quatorze ans lorsque mon père, parce qu'il était juif, fut envoyé au travail obligatoire. Nous ignorions où il se trouvait. Je ne comprenais pas ses longues absences. Une fois, il est revenu à la maison, affaibli, battu, méconnaissable. Nous n'avons pas osé poser de question. Nous vivions dans un état de terreur viscérale. La peur m'avait réduite au silence et fait perdre le sens de la réalité.

L'instauration de la peur et la montée des humiliations en Hongrie se sont faites progressivement contre les juifs. L'école nous a été interdite. Je ne comprenais pas une telle injustice. Ce choc a été terrible : pour moi, la vie s'est arrêtée.

Ma mère portait tout sur ses épaules. Silencieusement, elle faisait face aux difficultés quotidiennes. Pour l'aider, avec ma petite sœur, nous jouions le morceau de musique au violon qu'elle chantait souvent. Son regard nous encourageait au-delà des fausses notes. J'admirais son calme et son grand regard bleu apaisant.

Je me souviens aussi que, au petit village où je suis née, le Vendredi saint, nous nous enfermions chez nous. Ce jour-là, les chrétiens qui allaient prier à l'église nous frappaient dans la rue avec leur croix et cassaient les carreaux de nos maisons. Les habitants du village s'acharnaient sur notre petite communauté qu'ils jugeaient responsable d'avoir tué Jésus. J'étais comme figée.

Pour survivre, j'ai éteint ma mémoire. Seuls le temps et la confiance dans la vie, patiemment retrouvée, m'ont appris peu à peu à délier ma voix nouée.

Mon baluchon est plein de paroles qui ne sont pas encore venues au monde.

Crise

Ma vie s'est arrêtée à seize ans, en pleine crise d'adolescence, en pleine crise avec mes parents. À Auschwitz, j'ai quitté ma mère et ma sœur, sans un regard, sans un geste, et lorsque je me suis interrogée sur leur absence, une kapo polonaise d'un ton indifférent m'a dit : « Regardez la cheminée en flammes, ils sont déjà tous dedans. » Ma vie s'est arrêtée, une seconde fois.

J'étais pétrifiée par l'horreur de cette vision, par le remords de n'avoir pu dire au revoir aux miens, leur demander pardon. Je me suis laissée sombrer dans un épais chagrin, dans un désespoir sans fond. Si je n'avais pas étouffé immédiatement cette désespérance, je crois que j'aurais perdu la raison.

Le remords a continué à me ronger au retour des camps, le remords d'être vivante, moi. Pourquoi pas les autres ? Ils me valaient mille fois. Que faire de moi-même maintenant ? Écrasée par un sentiment d'inutilité, d'incapacité, de solitude, de culpabilité, j'ai perdu le goût de ma vie. La peur a repris son pouvoir. Je suis devenue Peur, elle m'a poussée à vouloir me supprimer. Un sourire inattendu m'a sauvée du plongeon. Béni soit ce sourire, mais le reproche ne me quittait pas.

Je n'ai cessé, durant trente-sept ans, de lutter contre cette adolescente qui ne pouvait pas se pardonner d'être vivante, et contre cette adulte qui devait entreprendre une course de vitesse sans entraînement. Je courais pour rattraper le temps, pour ressembler à tout le monde, mais intérieurement, en silence, des milliers de poux me rongeaient le sang. À l'extérieur je devenais de plus en plus bruyante, envahissante. Je travaillais, j'étudiais, je cherchais à devenir quelqu'un. Mon sourire était la parure idéale d'une identité qui n'était pas la mienne.

J'ai déployé une telle énergie pour paraître. Pourquoi ce désir de tout faire pour tout le monde ? N'était-ce pas pour me faire pardonner ? Et de quoi ?

L'intuition

Durant ma déportation, je n'ai pas cherché à comprendre ce qui m'arrivait. Par instinct je me suis coulée dans la situation en écoutant mon intuition. L'intuition, c'est l'intelligence de la vie. C'est l'inspiration qui ne vient pas de nous, mais qui nous invite vers la lumière.

La mort est devenue une amie évidente. Je n'avais pas peur d'elle. Dès que je l'ai acceptée, il n'y avait plus de barrière entre elle et moi, j'étais libre d'inventer la vie. Cette certitude m'a donné de l'énergie, une force de vie, qui venait d'au-delà de moi.

Chacun était réduit à sa propre survie. J'ai compris qu'un attachement ne pouvait engendrer que la désespérance. Si j'étais restée avec ma mère ou ma sœur, aurais-je survécu ?

Je me le demande, aujourd'hui encore.

J'ai senti qu'en moi, il y avait un espace où les bourreaux n'avaient aucun accès. Ils ne pouvaient pas imaginer à quel point ils représentaient le mal absolu pour moi.

Je suis devenue insensible aux émotions, indifférente aux corps sans vie qui m'entouraient. L'instinct de survie primait sur la souffrance de l'autre. L'autre était absent.

La faim et la soif n'ont pas de morale. La faim me dévorait. Je devenais Faim. Je devenais Soif.

À Auschwitz, ce n'étaient pas les mots qui parlaient. Mais les visages, les dos, les pieds et les mains.

Je n'étais ni recensée ni tatouée. Le rythme d'arrivée des juifs hongrois était tel que plusieurs d'entre nous sont passées à travers les mailles de ce filet. Que de fois j'ai obéi dans l'instant à mon intuition qui me disait de changer de rang car les dos et les pieds devant moi disaient qu'ils ne vivraient pas longtemps. Ne pas être tatouée a contribué à ma survie.

Mon arbre

Dans mon enfance, j'étais noyée dans un grand silence.

Mes parents ne parlaient pas devant nous mais leurs visages étaient éloquents.

Il a fallu que je trouve avec qui parler : l'arbre sur lequel je grimpais est devenu mon ami.

Chaque soir j'allais lui raconter ma journée, mes joies et mes peines. Il m'écoutait, il partageait ma vie.

Il n'était pas une chose mais un être vivant, bien plus : une personne qui savait me consoler.

Il était trop gros pour que je puisse lui exprimer mon attachement en le prenant dans mes bras, je caressais son écorce avec affection.

À Birkenau, il n'y avait pas un arbre, pas un oiseau. Il y avait une foule où personne n'existait ; nous étions considérées comme des choses inutiles dont les nazis disposaient au gré de leur cruauté.

Mais ils n'avaient aucun pouvoir sur le ciel ; ils ne pouvaient pas nous empêcher de chercher des forces dans sa beauté étoilée.

« J'ai demandé à l'arbre : "Parle-moi de Dieu" et il a fleuri. » J'ai fait mienne cette parole de Rabîndranâth Tagore.

La mémoire du ciel

À Auschwitz, le vent m'a fait cadeau d'une petite plume d'oiseau. Je l'ai accueillie au creux de ma main comme si elle venait d'un autre monde.

À quatre heures du matin, je voyais les étoiles filer au rythme des coups et des hurlements.

Je sentais qu'elles nous observaient, avec des yeux brillants de larmes, ahuries de tant de cruauté sur la terre des hommes.

Debout, épuisées, nous cherchions des forces dans ces milliers de lumières. J'imaginais que ma famille, nos familles se trouvaient dans chacune d'elles et qu'elles veillaient sur nous.

Ces instants, rares, allégeaient le jour démoniaque qui se levait.

Un dimanche après-midi à Birkenau, le ciel n'était pas voilé de cendre ; il était auréolé de lumière. Le vent chassait les nuages qui couraient à vive allure ; j'étais fascinée par la beauté de ce mouvement. Je me disais que si les nuages bougeaient, moi aussi je pouvais bouger.

En rêve, je faisais le tour du monde sur le dos des nuages.

La mémoire du cœur

La mémoire monte en moi depuis la profondeur de mon être. Le souvenir, lui, est affectif. Il est lié à la surface de mon état d'âme, allégé ou alourdi selon ma joie ou ma tristesse.

Les événements imprévus sont des révélateurs de mémoire. Celle-ci ressurgit face à une parole, à une situation, un mal-être, une souffrance ou une réflexion. Tout n'est pas dans tout, chaque événement est unique et laisse des traces uniques aussi bien dans l'histoire que dans la mémoire de ceux qui l'ont traversé.

Je suis sortie de l'hiver de ma mémoire. Je ne repousse plus ma mémoire brûlée. Je la laisse venir à moi. Écrire, c'est puiser dans la mémoire de mon cœur.

Traversées

Mes traversées m'humanisent-elles ou font-elles de moi une éternelle victime ?

J'ai traversé l'inimaginable.
Je suis vivante.
Tout est possible…
Même l'impossible.

Avec un regard je peux tuer.
Avec un regard je peux aider à naître.
De mon regard je me sens responsable.

Un élan de cœur peut faire fondre un iceberg.
Un geste parle plus que les mots.

J'ai ressenti la bonté, la gratuité d'un geste qui reste gravé dans mon cœur.

Dans le wagon à bestiaux qui nous menait à Auschwitz, j'ai regardé avec envie le morceau de saucisson qu'une personne mettait dans sa bouche. Elle a perçu mon regard et m'a offert une rondelle, que j'ai partagée avec ma mère et ma sœur.

Pour la chance d'avoir goûté à ce geste gratuit, cela valait la peine de vivre.

Dire oui, dire non

Dans mon cheminement, le oui et le non m'ont posé des problèmes. Dire oui à tout le monde m'épuisait. Le non laissait en moi des traces : doute, hésitation, fatigue.

Que faire pour être plus ajustée ?

Dans mon enfance, quand je n'étais pas contente de moi, instinctivement je me parlais à moi-même. Le contact avec ma voix me donnait un sentiment d'apaisement, d'existence. Je me faisais les questions et les réponses. Je ne comprenais souvent rien à ce qui me passait par la tête, mais entendre ma voix m'apaisait.

Dans les camps, je parlais à mes pieds. Je leur demandais de ne pas me lâcher. Il m'est arrivé quelquefois d'être tellement concentrée que je sentais moins la douleur des coups. J'aimais mes pieds, mes yeux et mes mains. J'ai rejeté le reste de mon corps ; il était répugnant de saleté. Il était à l'extérieur de moi. J'ai mis longtemps à l'apprivoiser. Et à le faire mien.

Mon corps a une mémoire indélébile ; il m'inspire les mots les plus fidèles.

C'est lorsque je suis arrivée à dire oui à mes limites et à m'accueillir là où je suis que je me suis sentie en fidélité avec moi-même. De là, j'ai pu dire oui ou non.

Mes traversées m'ont fait comprendre que rien ne m'est dû.

Que tout est don.

Réenfantement

J'étais seule avec des peurs qui me déchiraient.

Lorsqu'au mois de mai 1945 nous sommes arrivées avec quatre amies déportées à la gare de Namur, c'est le pain qui nous attendait. Il sentait bon. Nous lui souriions à pleines dents. La joie nous envahissait ; ce sentiment, nous ne le connaissions plus.

Vite il a fallu nous compter, nous enregistrer. Les questions pleuvaient, elles m'épuisaient. Mes quatre amies ont rempli mes formulaires.

Un rabbin de l'armée américaine nous a prises en charge. Dans l'état physique où nous étions, il nous a conduites à l'hôpital.

À notre sortie, il nous a installées dans une maison pour que nous puissions reprendre des forces. C'est la dernière fois que nous avons vu son visage. Durant trois mois nous avons reçu de l'argent par la poste pour notre nourriture ; jamais il n'est venu nous rendre la visite que nous attendions pour demander de nos nouvelles. Avec tristesse et déception nous en avons déduit que nous étions une gêne inutile, que personne ne s'intéressait à nous. La vie qui nous attendait serait aride.

Je ne savais encore ni pourquoi vivre ni pourquoi mourir. Tout était inexpliqué et inexplicable.

Des regards et des gestes m'ont réenfantée.

Pour ne pas me laisser seule avant son départ pour l'Amérique, la dame au sourire m'a placée dans un orphelinat où j'ai passé quatre années. Là, je me suis rendu compte que j'étais vraiment seule.

Au foyer, le pain et l'eau ne manquaient pas mais il y régnait une tristesse lourde, sans chaleur. Si je n'avais pas eu la chance de pouvoir suivre des cours de français et de flamand pour me préparer au concours d'entrée à l'École normale, j'aurais sombré dans un puits sans fond.

La dame au sourire soutenait financièrement mon projet. Le directeur du foyer avait confiance en moi et me laissait une grande liberté en dehors des cours. J'ai découvert Bruxelles, les musées, les livres, les concerts du midi. Je me suis sentie encouragée et animée intérieurement et cela a rendu ma vie plus légère.

Les camps sont restés dans mon laboratoire inconscient.

Une nouvelle vie s'ouvrait à moi ; je l'ai prise avec son obscurité et sa lumière.

En été, à l'orphelinat, au bord de la mer, la directrice a senti que j'étais douée avec les enfants. Quand je lui ai annoncé que je voulais faire des études pour m'occuper des enfants abandonnés, elle m'a encouragée jusqu'au bout. Mes études ont duré quatre ans. J'étais heureuse de travailler. J'ai obtenu mon diplôme d'éducatrice et de psychologue parce que j'étais déterminée à accompagner ces enfants. Ce travail n'a cessé de m'aider à me comprendre et à accueillir les autres là où ils en étaient.

Pour y arriver, je n'ai cessé de m'aider moi-même : j'ai découpé des petits cartons de couleur où chaque jour je traçais en majuscules de nouveaux mots encourageants : « Magda, tu réussiras », « Souris à la vie », « Fais-toi confiance », « Magda, tu t'aides ! », « N'écoute pas les personnes qui te découragent ». Je les gardais dans ma poche et les touchais du bout des doigts quand je perdais confiance.

C'est ainsi que j'ai pu comprendre que la dépression n'est pas une maladie. Ce sont des moments où je déprécie la vie en moi. La couleur du jour dépend de mon état d'âme.

Nous ne sommes jamais guéris. Nous sommes en chemin vers la guérison.

Juive sans visage

J'ai grandi dans une famille juive non croyante. Je suis revenue des camps avec des interrogations douloureuses sur mon appartenance.

Livrée à moi-même, sans appui, sans référence, à qui m'identifier ? À qui demander ce qu'était un juif ?

Isolée, égarée, j'ai ressenti alors la honte d'être une juive sans visage, et la tristesse d'en avoir honte.

J'ai porté lourdement ce vide d'identité. Ballottée, perdue, je cherchais avidement un lieu, un point d'appui, avec une timide confiance dans les hommes que je pensais libres. Eux savaient comment vivre alors que j'avais tout à apprendre. Apprendre comment ? Avec qui ?

Des rencontres inattendues sont venues éclairer mon chemin et m'ont aidée à creuser, à labourer avec passion ma terre d'origine. C'est de là seulement que j'ai pu renaître.

Réconciliations inattendues

Le mépris arrive à traverser même la peau d'un crocodile.

Le plus difficile, c'est de se relever après avoir été humiliée.

L'humiliation nous réduit.

Si les nazis ont pu imaginer l'inimaginable, l'assassinat méthodique de tout un peuple, ne pouvons-nous pas à notre tour imaginer un autre inimaginable, un monde plus humain, plus solidaire au service de l'humanité ?

Si nous étions en paix en nous-mêmes, ferions-nous la guerre contre les autres ?

« Les » est un article dangereux. Il fait même des ravages. Il provoque la confusion, la haine, la guerre, l'extermination : *les* Français, *les* Allemands, *les* Arabes, *les* juifs… L'humanité, en un mot, est réduite à un article défini. Tous les Allemands ne sont pas des nazis ; Hitler en a exterminé cinq cent mille, gênants pour lui.

Tous les Français ne sont pas antisémites. Tous les musulmans ne sont pas des intégristes. Partout depuis des siècles les juifs sont défigurés par les mythes et les fantasmes antisémites.

Le pronom « on » a le pouvoir de faire dire n'importe quoi à propos de n'importe qui. Avec « on », tout est supposition. « On » peut faire porter un poids lourd de sens et de conséquence, en sourdine, sans nommer personne.

« On » est abstrait. Amplifié sur les lèvres, il peut devenir une rumeur dangereuse qui peut blesser, tuer, semer la panique, sans qu'« on » sache jamais qui en est l'auteur. « On » nie, annihile la personne. Avec quelle prudence et quelle vigilance devrions-nous en faire usage !

Restaurer la dignité de l'homme, là où son humanité a été humiliée, asservie, anéantie : tel est, à mon humble niveau, le sens que j'ai essayé de donner à ma vie.

Aujourd'hui, je ne me sens pas victime de la Shoah mais un témoin réconcilié en moi-même.

J'ai compris que je ne pouvais appeler personne dans le meilleur de lui-même sans être moi-même libérée de mes propres blessures, de mes peurs, de ma violence. Alors seulement je peux accueillir l'autre là où il est.

Un regard créateur, un sourire, un geste, une parole vrais nous libèrent et nous rendent plus confiants, plus responsables, plus solidaires. Avec patience et dans la sagesse du temps, nous pouvons devenir passeurs de vie, d'espérance et de paix.

Nos actes nous engagent.
Il dépend de chacun de choisir d'être humain
ou d'humilier,
de devenir violent ou de pacifier.
Il dépend de chacun de dire, de redire,
que la vie est sacrée et unique,
que c'est la solidarité et la mémoire qui
peuvent sauver l'humanité.

Témoigner et transmettre

> « Le monde est dangereux à vivre ! Non pas à cause de ceux qui font du mal, mais à cause de ceux qui regardent et laissent faire. »
>
> Albert Einstein

Mes mots sont fragiles, comme moi. Comment transmettre cette mémoire sans la banaliser, sans l'alourdir, sans accabler l'autre ?

J'ai conscience que ce serait destructeur d'enfermer la nouvelle génération dans une mémoire uniquement douloureuse.

La question qui m'anime est : comment transmettre l'incommunicable avec des mots de façon à mobiliser en chacun un appel à la responsabilité, à la vie ?

Pour cela, j'ai choisi une démarche pédagogique lorsque je suis invitée par des professeurs d'histoire à témoigner sur la déportation dans des lycées et des collèges. J'ai élaboré un questionnaire préalable à l'intention des élèves. Avec une dizaine d'entre eux, nous dépouillons les réponses, anonymes. Cela me permet d'ajuster mes questions et mes réponses face aux nombreux jeunes (entre cent cinquante et trois cents) devant qui je me trouverai.

En général ils ont peur de poser des questions ; cela ne viendrait-il pas de nous, les adultes, qui ne savons pas les interroger et partir de ce qui les intéresse ? Ce qui est important pour moi, c'est de susciter chez eux leurs propres interrogations ; ce n'est qu'à partir d'elles que je peux les appeler à leur propre vie. Leurs questions en disent long sur ce qu'ils vivent aujourd'hui.

Je les sens réceptifs, actifs. Le questionnaire les aide à dire leurs préjugés, leurs peurs, leurs ignorances, leurs haines. Certains arrivent à dire : « Je ne sais pas. » Je les félicite pour leur courage et je leur explique que celui qui arrive à dire : « Je ne sais pas » est sur le chemin de la connaissance. Le savoir est important, mais s'il reste uniquement cérébral, pour moi il est vide de sens. La connaissance a une dimension éthique. La transmission se fait avec simplicité.

Voici le message que je laisse comme trace à la fin de mes interventions :

« Mon seul désir, en témoignant, c'est que vous trouviez confiance en vous-mêmes, que vous soyez capables de vous engager en personnes libres.

Restez fidèles à vous-mêmes, ne vous désertez pas en croyant répondre à l'attente d'autrui sur vous, ou par peur d'être moins aimés.

Je vous invite à résister aux influences extérieures, à choisir vos sources d'information. N'avalez pas tout ce qu'on vous raconte comme vérité. Lorsque vous êtes témoins d'une situation que vous ressentez comme inacceptable, humainement injuste, faites-vous confiance. Discernez, choisissez et devenez responsables de vos choix. Transformez l'indifférence et l'ignorance en solidarité. L'indifférence et l'ignorance sont, pour moi, la mort de l'homme, la mort de l'humanité.

Pardonner, c'est changer son propre regard sur soi et sur les autres.

Il vous reste maintenant à imaginer, à œuvrer ensemble, à cultiver de vrais liens, avec moins de peur, pour retrouver l'espérance en l'humanité de l'homme, pour être des témoins vigilants, aujourd'hui, là où vous êtes.

Vous êtes les bâtisseurs de votre vie et vous êtes responsables de votre devenir. »

Après notre rencontre, un autre questionnaire est distribué par les professeurs qui, ensuite, prendront le relais pour aider les jeunes à articuler leur mémoire familiale, leur histoire de vie et l'Histoire.

Sans leur histoire, l'Histoire n'a pas de sens pour eux.

Je suis émerveillée du trésor qu'ils portent en eux. Comment faire jaillir cette immense richesse souvent en attente de révélation, pour qu'ils puissent l'offrir, à leur façon, au monde de demain ?

Je suis émue par l'infinie beauté de la couleur, de la lumière dans leurs yeux. N'avons-nous pas à changer notre regard sur nous-mêmes et sur eux ?

Nous avons en nous la fraîcheur et la beauté du printemps.

Rencontre

Sans une main tendue nous n'avons pas de devenir.

C'est le chemin dans le temps qui amène l'inconscient à la conscience. Je n'ai pu faire la lecture de cet inconscient qu'au fil de mes traversées.

L'espace de silence autour de mes mots est en attente de souffle.

Que mes traversées puissent appeler cette puissance de vie en chacun de nous. J'essaie de transmettre par la parole et par l'écrit l'expérience de mon vécu de telle sorte que ceux qui me liront puissent se reconnaître dans le meilleur d'eux-mêmes. N'est-il pas de notre responsabilité d'essayer de bâtir, là où nous sommes incarnés, un demain où il fasse bon vivre ?

Au cœur de nous-mêmes, il y a une lumière. Vouloir être comme l'autre la ternit. La liberté appelle en nous la responsabilité.

Pour ne pas absorber le mal-être, la violence des autres, j'ai appris à écouter sans tout entendre. À baisser les yeux pour ne pas voir un visage déformé par la violence. À rester en silence. Celui qui est en colère ne peut pas entendre, ne peut pas voir. Cet emportement au-delà des mots peut cacher une grande souffrance. Le silence me permet de rester en moi-même, pour avoir du recul et ne pas subir un tel débordement.

Nous sommes tous des éclopés de la vie. Nous nous griffons, nous griffons les autres parce que la vie nous a blessés.

Les nuages noirs cachent souvent le soleil, mais nous savons qu'il est là et n'attend que de se lever dans nos cœurs.

Le visage de Dieu

J'ai fait connaissance avec le Dieu d'Abraham et mon identité juive à quatorze ans. Parce que nous étions juifs, le gouvernement hongrois nous a interdit l'école. J'ai reçu, alors, un formidable coup de poing d'interrogation. Je n'ai pas eu le temps de répondre : la survie prenait toute mon énergie et j'ai enfoui les interrogations dans une terre que je ne cesse de labourer.

Les nazis, eux, nous donnaient leurs réponses : « Les juifs sont des moins que rien. » J'ai partagé le destin de ces « riens » durant douze mois. J'ai rencontré des juives croyantes et non croyantes. J'ai entendu parler de Dieu, mais je ne voyais pas très clairement la différence entre le Dieu des nazis au nom duquel ils nous exterminaient et le Dieu des juifs que ceux-ci imploraient. Pendant que l'injustice me brûlait, eux, ils mouraient en priant un Dieu qui me semblait sourd.

Je n'ai rien compris à cette époque, mais leur ferveur et leur confiance en ce Dieu ont planté une interrogation en moi, malgré moi.

À dix-neuf ans, le visage d'une femme m'a interrogée. Longtemps je l'ai scruté avant de l'approcher.

Ce visage était présence, accueil, compréhension, pudeur. Quand elle était là, les morsures que je cachais sous une épaisse chape de silence me faisaient moins mal.

La croix qu'elle portait autour du cou m'a beaucoup intriguée : elle a été à l'origine d'un dialogue qui m'a amenée à la lecture de l'Évangile et la découverte de Jésus. À travers le visage de cette femme, j'ai rencontré le visage de Dieu qui m'a appelée par mon nom.

J'ai cheminé longtemps avec des hauts et des bas. Je me suis sentie mal à l'aise dans l'Église. La prière en latin était un obstacle sérieux pour moi. Puis la liturgie du Vendredi saint, qui condamnait les « juifs perfides », m'a blessée. Je me suis demandé où était cet amour fraternel que proclamait l'Évangile.

Tout cela était en contradiction avec ce que j'avais découvert dans l'Évangile que l'on m'avait offert. Je l'avais ouvert à une page au hasard et j'avais été touchée et émerveillée par la lecture de Matthieu 25 : « J'avais faim et tu m'as donné à manger. J'avais soif et tu m'as donné à boire. J'étais nu et tu m'as vêtu. » Je me suis dit en moi-même : « Voilà quelqu'un que j'aimerais connaître. » Et Il n'a jamais cessé de m'accompagner depuis.

Grâce aux témoignages vrais de tous ceux avec qui j'ai cheminé, de tous ceux qui m'ont ouvert la porte de la Bible, grâce à la foi, aux doutes des jeunes que j'ai rencontrés, le Jésus de l'Évangile ne cesse de m'interroger, de me réserver des découvertes chaque jour.

Mon ciel intérieur est variable, sans cesse en mouvement vers le Nom.

La Source

Avant d'avoir eu le temps d'être adolescente, je suis devenue adulte. Des milliers de regards en quête de leur vie ont pesé sur la mienne. Aujourd'hui je vis, je témoigne pour que se prolonge par moi leur mémoire.

En labourant mon passé, mes origines, j'ai compris que naître à soi passe par le pardon à soi. Nous ne sommes pas tendres avec nous-mêmes. Combien de fois je me surprends à me maltraiter, et à maltraiter les autres ! Comment puis-je m'accueillir, accueillir les autres pour eux-mêmes si je ne passe pas par ce chemin ?

Mon identité de juive baptisée n'est pas un obstacle mais une racine vigoureuse d'où monte la sève. Ce chemin de pacification me permet de me délester d'un poids immense et de me restituer tout doucement à mon histoire personnelle, à mon identité.

Notre mal-être dans le présent est inscrit dans le passé. Et quand nous trouvons la Source, elle donne sens à notre vie.

Sans verbe, la phrase n'a pas de sens. Sans le Verbe, ma vie n'a pas de sens.

Le silence ensemence le monde intérieur. Ce sont des moments de grâce qui font naître à la beauté. Le silence écoute chanter la vie.

La grâce de la fragilité

La nuit, j'échappe au temps. Dans ces moments de grâce, je sens sa douceur silencieuse ; alors je dessine des mots qui montent des profondeurs lointaines. Ils deviennent plus proches, plus vrais, plus simples.

Dans la faiblesse je voulais paraître forte.
Mais dans ma fragilité, je me reconnais.

Ma vie de déportée me paraît si loin qu'elle me semble, à certains moments, n'avoir jamais existé.

J'ai compris sur un lit d'hôpital que les souffrances, l'angoisse, les peurs, les joies que je ressentais étaient vraiment les miennes, et j'ai consenti à les accueillir en moi, humblement. Pour la première fois, j'ai éprouvé ce jour-là de la compassion à mon égard. La rencontre de ce moi meurtri m'a libérée de l'esclavage intérieur, et le chemin vers moi-même a commencé.

Je me lève doucement. Mes pas sont plus assurés parce que c'est vers Toi que je vais.

Lorsque c'est Toi qui m'inspires, les mots attendent en silence pour être inscrits dans un moment de grâce.

La Joie

La porte de la connaissance s'est entrouverte lorsque j'ai consenti à m'écouter, à m'entendre, à me laisser enseigner par Celui qui me tend toujours la main. Chacun de nous est unique, incomparable ; d'où vient que nous ne cessons de comparer l'incomparable ? Nous avons beaucoup d'illusions sur nous-mêmes ; d'où vient que nous nous efforçons de devenir ces illusions que nous ne serons jamais ?

La naissance à nous-mêmes se fait dans la sagesse du temps. Ce noyau, unique, sacré en nous, ne cesse de nous travailler en liberté. Il oriente notre croissance morale et spirituelle. C'est de cette source fragile, vulnérable, soumise aux intempéries de la vie, que nous avons à choisir de nous lever.

Le chemin vers la vérité est douloureux. La vérité ne s'explique pas, ne se justifie pas ; elle est ou elle n'est pas. C'est l'unique chemin vers soi-même où Tu nous attends.

Tu es là dans mon regard, dans mes gestes, dans chaque frémissement de mon être.

Ta lumière jaillit de ma souffrance. Ta joie en moi n'est Joie que si elle appelle la joie d'autrui.

Toi

Mon origine est de Toi. Ma naissance se fait au jour le jour à Toi.

Mon père était juif, ma mère était juive. La vie a tranché le cordon ; elle m'a trempée dans un bain de cendres, dans un océan de larmes, de cris, de sang.

Personne n'est venu me laver, me lever, m'envelopper de son regard. Personne ne s'est penché sur moi, sur nous, lorsque nous tombions dans le brasier de l'enfer, allumé par Tes créatures en fureur, anges aux ailes noires.

Nous étions jetés dans la terre, dans l'eau, dans l'oubli, pour que personne ne se souvienne de nous.

La terre nous absorbait, l'eau nous charriait.

Silencieusement, Tu as regardé Ton peuple se réduire en poussière.

Mon cœur s'est fermé comme une pierre tombale.

Je me suis révoltée contre Toi, sans Te connaître, devant Ton aveuglement, devant Ta surdité, devant Ta création à l'envers.

Aujourd'hui, j'entends encore la tornade de gémissements Te louer, T'implorer, T'appeler par Ton nom avant de se laisser consumer.

À quatre-vingt-quatre ans, Tu m'invites à accueillir ces millions d'innocents qui, aujourd'hui, partagent Ta Gloire.

Je quête Ton regard, Dieu du jour et de la nuit.

J'y dépose ces milliers de soleils brûlés.

Que je puisse T'offrir ces braises ardentes, enfin délivrées.

Les fervents de l'Espérance

En exterminant les juifs, les nazis voulaient tuer l'étincelle de Dieu en eux pour se l'approprier, afin de prendre la place de Dieu. Pour y parvenir ils comptaient sur l'inimaginable, sur la faculté d'oubli des êtres humains et sur l'incrédulité du monde.

Je suis sûre que Toi, mon Dieu, Tu ne voulais pas la Shoah et que la souffrance de chacun de nous est Ta souffrance même.

Je crois que ce sont les faux dieux que nous fabriquons qui sont responsables des guerres, toutes fratricides.

Je sais aussi que chacun de nous est témoin de sa vie, de l'Alliance, de l'Amour et des réconciliations.

Il faudrait inventer des traits d'union, devenir ensemble, quelles que soient les religions ou les opinions politiques, des fervents de l'Espérance.

Les remparts que nous mettons entre nous ne nous protègent pas ; ils nous isolent.

L'amour est gratuit, léger comme un souffle. Il transfigure le quotidien en un royaume où il fait bon vivre.

Mon puits

Je creuse mon puits sans savoir ce que je vais trouver dessous. Il y a des obstacles imprévus, des racines entremêlées, des souvenirs perdus, mais je continue de creuser avec confiance. Pelletée par pelletée, je libère des ondes pures, fraîches, et je respire à pleins poumons.

Je Te remercie pour cette terre, pour les arbres, pour les petits solistes qui chantent la vie dans un grand ciel bleu.

Merci pour tous les êtres de lumière que Tu as mis sur mon chemin pour m'aider à être ce que je suis aujourd'hui.

Dans le temps…

Je donne le temps
Je compte le temps
Je prends le temps
Je perds le temps
Je remets le temps à demain
Je force le temps
Je me noie dans le temps
Où en suis-je dans ce tourbillon qui passe ?

Penser la vie, est-ce la vivre ? Sera-t-elle comme nous l'avions pensée ? J'ai amassé des expériences. J'ai vu la vie sans fard. J'ai compris que la vie ne se vit pas au conditionnel, elle se vit au présent et au singulier. Inventer la vie, c'est abandonner mon vouloir sur ma vie. C'est me laisser faire par elle.

La vie m'a appris à vivre chaque instant
comme s'il était le dernier.
Je me laisse recevoir par l'instant présent.
Chaque présence m'offre un moment unique.

Sa beauté m'apaise ; de là, j'entends ce que Tu
ne dis pas.
La joie de vivre, c'est le ciel sur la terre.

Mes peurs

Mes peurs non reconnues, inconscientes, n'ont fait qu'alimenter en moi le feu de la violence. La peur est un refuge dangereux. Si je laisse mes peurs m'envahir, je m'égare. Mais pourrais-je me perdre puisque tous les chemins mènent vers l'intérieur où habite le Souffle ?

N'ayons pas peur, osons montrer, et offrons à notre façon notre beauté au monde.

Nous aspirons à la liberté, mais la peur ne nous laisse pas en repos.

N'avons-nous pas autant peur de vivre que de mourir ? Par peur je n'ose pas oser !

Quand la peur me possède, je deviens Peur, dépourvue de toute expression, de toute spontanéité, de passion de vivre, de projets. Dans la peur, je n'existe plus. Elle donne pouvoir de mort sur moi et immobilise ma conscience : je donne pouvoir à tous les dictateurs. Si je ne cherche le sens de la vie que pour moi seule, alors j'ai peur.

Notre sentiment d'incapacité, le trop-plein d'exigences exagérées nous font peur et nous congèlent. La peur nous pousse à mettre la barre toujours plus haut et nous nous retrouvons face à un idéal que nous sommes dans l'impossibilité d'atteindre. Le sentiment de ne rien valoir, d'être inférieurs, nous pousse vers des compensations, à la façon de « la grenouille qui veut se faire aussi grosse que le bœuf » et se gonfle à en éclater.

Si j'accepte de voir ma peur et que j'arrive à l'identifier, une force nouvelle se libère en moi qui me permet de reprendre ma place face à elle. J'ai longtemps résisté, par peur de découvrir la vérité. Dans les camps, accepter la mort m'a donné un sentiment de détachement, de soulagement, de paix, qui m'a permis de survivre au milieu des ombres comme si j'étais immortelle, et de vivre chaque minute comme si c'était la dernière.

Je Te rends grâce pour la moisson de mes
traversées.
Tu m'aides à pétrir mon pain de chaque jour.
Pour chaque miette, mon cœur Te loue.

Ma famille

Ma famille, mon mari, nos quatre enfants et les dix petits-enfants que nous avons aujourd'hui, est pour moi le premier cercle de la société. Elle peut être un lieu d'accueil, d'enracinement, d'apprentissage de la vie, une source de création, de re-création jamais finie.

C'est à l'intérieur de l'univers familial que se transmet l'amour de la vie ou la violence. La famille est un repère, un lieu d'envoi de nos enfants à leur responsabilité, à leur vie. Je suis convaincue que c'est de l'harmonie dans la famille que dépend la paix du monde.

Un commentaire midrashique dit pourquoi l'Éternel n'a pas achevé la création : « C'est pour que chaque être humain puisse la parachever. »

Quand c'est par amour, l'impossible se réalise.

Amour

Je n'ai pas de mots pour parler de l'amour, ni avec un petit « a » ni avec un grand « A ».

Je reste jusqu'à la fin de mes jours une fervente apprentie.

Nuit, jour endeuillé sur les lèvres du temps.
Lumière, jour révélé, aube de la création.

Je n'ai pas fini d'explorer la nuit, de drainer son épaisseur pour l'amener au commencement de la parole.
Long chemin de délivrance.
Passage de la mort à la vie.

Mourir n'est pas disparaître, c'est renaître à soi.

J'aimerais mourir dans la joie.

La vie sur la terre m'a éprouvée. Elle m'a aussi beaucoup donné. J'ai été nourrie de tant de chaleur, de sourires, de regards, de visages que je me sens comblée. J'ai tellement de mercis à exprimer que le ciel entier ne suffirait pas à les contenir.

J'aimerais partir en aimant.

Notice historique[1]

L'histoire de Magda Hollander-Lafon s'inscrit dans celle de la Solution finale, petite histoire singulière dans la grande : celle de la Shoah et de la Shoah en Hongrie, qui, comme l'histoire des juifs hongrois en général, est particulière et paradoxale. En effet, alors que les juifs dans l'Europe nazie étaient systématiquement soumis au programme d'extermination, en Hongrie ils furent relativement épargnés jusqu'au mois de mars 1944. Cela n'excluait pas l'existence d'un fort sentiment antisémite

1. Cette synthèse est le résultat de plusieurs dizaines d'heures d'entretiens avec Magda Hollander-Lafon et de recherches historiques au Centre de documentation juive contemporaine du Mémorial de la Shoah. Ce travail a été précédé d'un projet pédagogique ayant abouti à un voyage scolaire à Auschwitz-Birkenau accompagné par Magda et à la réalisation d'un film cofinancé par la mairie de Rennes. Les auteurs, Nathalie Caillibot et Régis Cadiet, sont professeurs de lettres et d'histoire-géographie à Rennes.

dans la population hongroise, sentiment relayé par des prises de position politiques clairement antijuives. En effet, depuis les décisions territoriales imposées par le traité de Trianon de 1920, qui avait rétréci les frontières hongroises, la communauté juive avait cessé d'être une minorité parmi d'autres pour devenir la minorité visible. Les lois raciales hongroises furent adoptées entre 1938 et 1941, calquées sur celles de Nuremberg, mais elles étaient encore plus rigoureuses et étendirent notamment le statut de juif à cent mille convertis au christianisme, portant à huit cent vingt-cinq mille le nombre de personnes appartenant officiellement à cette communauté.

Magda est née le 15 juin 1927 à Záhony, petit village à la frontière de la Hongrie et de la Slovaquie. Ses parents, Adolf Hollander et Esther Klein, n'étaient pas pratiquants. Ils se considéraient comme assimilés, hongrois. Ses grands-parents maternels étaient, eux, plus orthodoxes. Comme la majorité des juifs de sa région qui étaient commerçants, ouvriers, artisans, son grand-père, Samuël Klein, dirigeait une modeste fabrique de chaussures à Zsurk, à quatre kilomètres de Záhony. Le samedi, les Klein se réunissaient, Magda connut ainsi certaines traditions juives.

Sa sœur, Irène, naquit en 1932. Deux ans plus tard, les Hollander déménagèrent pour Nyíregyháza, se rapprochant ainsi de la ville de Debrecen pour permettre aux deux filles de faire des études.

L'histoire bascula le 19 mars 1944 lorsque Hitler envahit la Hongrie. À ce moment-là de la guerre, l'armée nazie était plutôt sur des positions défensives, mais ses dirigeants croyaient toujours en la victoire. Hitler savait qu'un débarquement à l'ouest se préparait mais pensait qu'il pourrait être repoussé. Les forces étaient donc concentrées à l'est pour contrer l'avancée soviétique. L'occupation militaire de la Hongrie ne fut pas seulement motivée par la volonté de parfaire la Solution finale, elle eut aussi comme objectif de maintenir ce pays allié au sein de la coalition de l'Axe et de s'assurer son soutien militaire. En outre, cela permettrait de s'approprier les réserves industrielles et agricoles du pays. Enfin, la population juive déportée fournirait une importante réserve de main-d'œuvre à un moment où le Reich commençait à en manquer gravement.

Le 22 mars, le régent Horthy nomma Döme Sztójay Premier ministre dans l'idée qu'il saurait négocier le sort du pays et des juifs, puisqu'il n'était pas particulièrement marqué comme antisémite. Horthy expliqua au nouveau gouvernement que la « question juive » relevait de son unique compétence. Neutre en apparence, Sztójay connaissait parfaitement les intentions nazies, et il était décidé à collaborer. Il nomma à deux postes clés du ministère de l'Intérieur deux antisémites convaincus et leur confia le soin de régler les « affaires juives » : László Endre fut chargé des questions administratives et législatives et László Baky eut en charge les aspects politiques. Ils élaborèrent le plan d'ensemble en étroite concertation avec l'équipe d'Eichmann qui comprenait quelques SS parmi les plus convaincus : D. Wisliceny avait dirigé la déportation des juifs slovaques et des juifs grecs ; T. Dannecker celle des juifs français, bulgares et italiens, de véritables experts qui préparèrent minutieusement les étapes du processus : établissement de conseils juifs centraux et locaux, isolement, expropriation, ghettoïsation, regroupement et départ des convois vers l'extermination.

Dans aucun autre pays le programme de la Solution finale ne fut mené avec autant d'inhumanité lucide et de rapidité. Il faut également souligner que les décisionnaires politiques avaient à leur disposition les instruments d'État – police et gendarmerie –, sans lesquels la déportation massive, entre le 15 mai et le

9 juillet 1944, à Auschwitz-Birkenau de quatre cent trente-sept mille quatre cent trois juifs hongrois n'aurait pas été possible.

Les décisions prises, les policiers locaux procédèrent aux rafles, en commençant par la région où habitaient les Hollander, la plus proche de la frontière polonaise, et des troupes de l'Armée rouge qui progressaient. Dès le 16 avril, les juifs de soixante villages proches de Nyíregyháza furent arrêtés et conduits dans les maisons repérées comme appartenant à des membres de cette communauté, ce qui constitua le ghetto de la ville. Le 27 avril, ce fut le tour des habitants juifs de Nyíregyháza. Esther, Magda et Irène furent dénoncées par des voisins, pratique qui fut courante : la Gestapo et la police hongroise enregistrèrent plus de trente-cinq mille dénonciations. Lors de leur arrestation, son père, Adolf, était absent (Magda apprit plus tard qu'il était mort dans l'« hôpital » du ghetto avant sa déportation). Avant leur départ, Madga vit des habitants du quartier se précipiter dans leur maison pour faire main basse sur ce qu'elles avaient dû laisser.

Ce furent entre quinze mille et dix-sept mille juifs qui restèrent concentrés dans quelques maisons pendant une dizaine de jours, un périmètre bien visible en pleine ville, gardé par les gendarmes. Il pouvait y avoir douze à quatorze personnes dans une chambre. Ils furent ensuite regroupés dans d'autres lieux, qu'ils gagnèrent à pied, portant leurs bagages, insultés. Magda, sa mère et sa sœur furent parquées à Harangod-Birke, un lieu-dit où se trouvaient trois hangars à foin. Les familles dormaient par terre. Les gendarmes continuèrent à les fouiller pour les voler.

Au bout de quelques jours, les juifs repartirent pour la gare de Nagykálló, distante d'une quinzaine de kilomètres. Affaiblis par la faim et les mauvais traitements, ils furent embarqués sans ménagement dans des wagons à bestiaux, d'une capacité de quarante-cinq à cinquante personnes, mais où ils durent entrer à quatre-vingt-dix, cent, voire davantage. Les gendarmes répétaient en les poussant : « Vous en faites pas, vous allez travailler. » Et ils le croyaient. Le voyage dura trois jours dans l'obscurité, avec un seau en guise de latrines, un bidon d'eau et, pour certains, encore un peu de nourriture. Le processus d'extermination avait déjà commencé.

Dès le printemps 1944, en prévision de l'arrivée quotidienne de douze mille à quatorze mille juifs hongrois, le commandant du camp de Birkenau avait fait prolonger la voie ferrée jusqu'à deux cents mètres des *Krematorium* et les effectifs des commandos spéciaux des chambres à gaz avaient été quadruplés. Fin mai 1944, le convoi de Magda s'arrêta sur la rampe de sélection dite « des Hongrois », dans un petit matin obscur et glacial. Des déportés étaient spécialement affectés à l'organisation des arrivées. Eux savaient ce qui se passait. Au risque de sa vie, un de ces prisonniers passa plusieurs fois dans les rangs et Magda entendit ce qu'il murmurait, sans bouger les lèvres : « Tu as dix-huit, tu as dix-huit ans... »

Tout d'abord, on séparait les hommes et les femmes en deux rangs ; les enfants, selon leur sexe, restaient avec un de leurs parents pour éviter les tentatives de résistance et garantir le plus de calme possible. Puis la sélection proprement dite commençait : ceux qui allaient entrer dans le camp à droite, ceux qui allaient être immédiatement assassinés dans les chambres à gaz à gauche. Mengele[1] participa à

1. Seuls les médecins SS du camp (*Lagerätze*) étaient habilités à opérer cette sélection, qu'ils désignaient par l'expression de « service sur le quai ». Joseph Mengele, médecin SS du camp d'Auschwitz-Birkenau, y procédait très fréquemment, faisant le tri entre les *Häftlinge* (aptes au travail) et les non-*Häftlinge*. Il se rendit également coupable de nombreuses expériences pseudo-médicales.

la sélection du convoi de Magda. Il lui demanda son âge, elle répondit : « Dix-huit ans. » De sa badine, il désigna la droite. Esther et Irène partirent à gauche.

Les « aptes au travail » furent amenées au « sauna ».

À l'entrée se trouvait un plateau rond, sur lequel devait être déposé tout ce qu'elles possédaient encore. Magda y laissa les photos de sa famille. Les femmes furent poussées dans un local. Elles furent rasées, avec des gestes brutaux et des outils mal aiguisés. Local suivant : la douche, où quelques gouttes tombaient, tantôt glacées, tantôt brûlantes, sans savon et sans linge pour se débarrasser de la crasse, de la sueur, de l'odeur des wagons, et enfin la désinfection, à coups de jets de poudre blanche, piquante et irritante.

Aux prisonnières, encore mouillées, il fut jeté une blouse beige, à peu près à leur taille. Au sortir de ce bâtiment, le processus de déshumanisation était mis en place. Une autre étape aurait dû être le tatouage. Mais à l'instar de certains Hongrois, Magda n'a pas été tatouée, peut-être parce qu'ils étaient destinés à être gazés rapidement (ou alors à être envoyés comme main-d'œuvre dans d'autres camps de travail).

Les prisonnières se retrouvèrent dans un ensemble de blocks en bois, dit « quarantaine ». Complètement perdues, mais persuadées d'être dans un camp de travail, elles se demandaient où étaient leurs proches, questionnaient la *Blockälteste*[1]. La femme tendit son doigt vers les cheminées des fours : « Regardez là-bas. » Magda vit de la fumée et des flammes sans comprendre. « Regarde, ta mère et ta sœur, elles sont déjà dedans... »

En quarantaine, elle apprit les règles de la logique pernicieuse de l'univers concentrationnaire : la faim, la violence des kapos, les vols, les appels interminables, sous le soleil, en rangs par cinq, les corps qui tombaient, épuisés. Après une quinzaine de jours, Magda fut transférée au Lager BIIc, dit « camp des Hongroises ». Dans ces blocks s'entassaient près de mille déportées. Sur les châlits, les corps de six à douze personnes devaient trouver place, la nuit. Le jour, il fallait travailler. Magda dut intégrer plusieurs équipes de travail : elle cassa des cailloux, ordre lui fut donné de ramasser les cadavres autour des baraques, et elle charria des cendres humaines, travail normalement réservé aux hommes. Lors d'une sélection

1. La doyenne du block.

d'une quarantaine de femmes, Magda fut affectée au Krematorium IV, où elle devait ramasser des cendres avec une pelle, les verser dans une charrette, puis pousser jusqu'au lac avoisinant. Il fallait rentrer dans l'eau pour renverser le contenu. Plusieurs fois, Magda crut se noyer. Du lac, elle vit la fosse V où des corps brûlaient. La fumée était épaisse et l'odeur insoutenable. Magda fut témoin des pires horreurs ; de même que les Sonderkommando[1], elle n'aurait jamais dû survivre.

Dans ce camp, elle subit la violence de la kapo du block 8, Edwige, elle croisa le regard de la surveillante-chef, Irma Grese, connue pour son sadisme et sa perversité. Elle y reçut aussi quatre petits morceaux de pain moisi des mains d'une « musulmane » (terme employé dans les camps pour désigner un détenu à bout de forces, maigre et décharné, survivant dans un état voisin de la mort) et en même temps un message qui inspira, bien plus tard, son témoignage.

Des rumeurs d'une liquidation du Lager BIIc circulaient régulièrement, elles enflèrent

1. Groupes de détenus chargés de faire fonctionner les fours crématoires et destinés à être exterminés.

après celle du camp des Tziganes, dans la nuit du 2 août 1944. Magda, lors d'un appel au matin du 20 août, quitta son rang qu'elle pressentait destiné aux chambres, à cause de l'état de délabrement des dos et des pieds, qu'elle avait appris à « lire », et elle réussit à se glisser dans celui d'à côté. C'est ainsi qu'elle se retrouva dans un groupe de « travailleuses forcées » à destination de Walldorf, près de Francfort, en Allemagne. Ce camp faisait partie du vaste réseau concentrationnaire qui s'était développé depuis le début de la guerre sur l'ensemble du territoire allemand, réseau qui prenait en charge une partie conséquente de l'effort de guerre. Pour satisfaire les besoins insatiables de l'industrie d'armement allemande, Auschwitz-Birkenau était devenu un gigantesque réservoir de main-d'œuvre.

Le trajet dura trois jours. Le 22 août, les mille sept cents juives hongroises « commandées » à Birkenau arrivèrent dans la banlieue de Francfort-sur-le-Main, dans un camp de travail placé sous le commandement du camp de concentration de Natzweiler.

Le projet affecté à ce camp était gigantesque ; mené par l'organisation Todt, le département de construction du ministère de l'Armement, il avait été confié à la firme Züblin. Il s'agissait de construire une piste de béton d'où pourrait décoller le Messerschmitt 262, premier avion à réaction qui devait être le fleuron de l'armée du Führer. D'autres infrastructures devaient aussi être réalisées : une voie ferrée pour acheminer le matériel jusqu'à l'aéroport ; des aires de stationnement à l'intérieur de la forêt pour les avions, qui devaient également être camouflés afin qu'ils ne puissent être vus par les forces aériennes alliées ; la construction de deux pistes annexes en lisière des bois et d'une voie les reliant. À leur arrivée, les femmes furent enregistrées. Magda fut la 785e détenue, sous le numéro 27787.

À Walldorf, Magda cloua des traverses le long de la voie ferrée. Elle y connut aussi le « bon gardien » ukrainien dont il est question dans « Les chemins du temps ». À partir d'octobre 1944, l'aéroport fut régulièrement bombardé. Les Alliés progressant sur le front de l'Ouest, Walldorf fut dissous le 23 novembre. Seulement six décès y furent officiellement enregistrés. Cependant, il semble qu'environ mille six cent cinquante détenues furent convoyées vers le camp de concentration de Ravensbrück, cinquante femmes auraient donc en réalité disparu.

Elles arrivèrent vers le 27 novembre. Magda a dû être immatriculée mais son numéro reste inconnu, les SS ayant détruit plus de la moitié de leurs archives en avril 1945. Des wagons à bestiaux, les Hongroises furent directement envoyées dans l'« enfer » de Ravensbrück : une tente militaire que le commandant avait fait dresser en août 1944, entre deux baraquements en bois, pour faire face à l'afflux des arrivées dans un camp déjà surpeuplé. Polonaises du ghetto de Varsovie, Hongroises évacuées d'Auschwitz et quelques Françaises, plus de trois mille femmes y furent enfermées, parfois avec des enfants, à même le sol, sans aucun moyen de se protéger du froid intense, et aucun confort, même rudimentaire : les épidémies les ravageaient, mais aussi la folie. Magda y resta dix jours, puis fut transférée dans un baraquement en bois, où sa principale activité consista à lutter contre ses poux. Une seule fois, elle fut envoyée travailler, dans un chantier de sable.

Le 19 décembre, lors d'un appel, Magda changea à nouveau de rang et partit ainsi pour un autre camp de travail au sud de la Silésie : Zillertal. Établi à Erdmannsdorf, petite ville industrielle, ce camp était en activité depuis l'automne 1940. D'abord « camp de travail forcé pour les juifs », environ cent cinquante femmes, des juives polonaises, y travaillaient dans une usine de tissage, sous le commandement de l'organisation Schmelt, pour le compte de l'entreprise Erdmannsdorfer Leinenfabrik. En juillet étaient arrivées d'Auschwitz deux cents juives hongroises et début décembre 1944 cent cinquante autres. Le convoi de Magda étant composé d'une cinquantaine de déportées, la population totale du camp avoisinait les cinq cents personnes. Débarquées là vers le 24 décembre, les femmes furent comme à chaque fois comptées et recomptées. Les conditions de survie étaient moins extrêmes qu'à Birkenau : dans les baraquements, il y avait un robinet, et elles disposaient d'un châlit par personne. Le trajet de trois à quatre kilomètres entre le camp et l'usine se faisait à pied, deux fois par jour, dans la neige. Le bruit dans l'usine était assourdissant, il fallait sans cesse lancer et relancer les navettes de fil. Surveillées, insultées, les travailleuses forcées produisaient du tissu pour les uniformes militaires.

Cependant, l'armée soviétique atteignant les frontières du Reich, les immenses complexes concentrationnaires durent être évacués à la hâte vers l'intérieur pour que les déportées continuent à « soutenir » les efforts de guerre d'un empire qui s'effondrait de plus en plus rapidement. Le 17 février, les détenues de Zillertal furent réparties en deux groupes : environ deux cents furent transférées à soixante-dix kilomètres, dans un autre camp extérieur, Gablonz, les trois cents autres, dont Magda, dirigées vers Morgenstern, de l'autre côté du Riesengebirge.

En plein hiver, elles parcoururent soixante kilomètres dans ces montagnes, soit dix à douze kilomètres par jour, à peine vêtues, leur couverture sur le dos. Sans nourriture, elles mangèrent de la neige. Une semaine plus tard, la colonne atteignit la destination fixée par les directives SS : Morgenstern, un sous-camp de Gross-Rosen, dans les Sudètes. Les femmes furent envoyées travailler à Iserwerke, une usine produisant des pièces pour le chasseur Me 262. Mais les Alliés progressaient toujours vers le cœur de l'Allemagne, les bombardements s'intensifiaient. Ce pourquoi, le 12 mars, les installations et les déportées d'Iserwerke furent convoyées dans la zone de Mittelbau.

Le jeudi 15 mars 1945, le train parvint à Nordhausen, ville industrielle moyenne du nord de la Thuringe. Deux cent quatre-vingt-quatorze femmes trébuchèrent des wagons, affamées, assoiffées, épuisées. Elles furent enregistrées comme « juives hongroises » ; le matricule F-150 fut attribué à Magda. Ensuite, elles marchèrent jusqu'au village de Grosswerther, qui devint un camp satellite totalement improvisé, établi dans les greniers des deux auberges du village. Les SS y gardèrent leurs prisonnières plus de trois semaines. Une trentaine de femmes, dont Magda, furent envoyées à quelques reprises dans une des usines souterraines de Nordhausen, centre névralgique des derniers efforts de guerre. Elles auraient dû y fabriquer des clous destinés à la construction des avions A4, mais elles se donnèrent le mot pour saboter le travail.

Après le bombardement de Nordhausen par l'aviation alliée, les femmes furent laissées à l'abandon dans les salles des auberges. Le 4 avril au matin, les SS les mirent en rangs pour un nouveau convoi. Elles parcoururent dix-sept kilomètres jusqu'au bourg de Bleicherode, où elles dormirent à même le sol dans une école. Le lendemain, elles marchèrent douze kilomètres et arrivèrent à Bischofferode.

La situation devenait de plus en plus confuse. Des femmes repartirent en camion, d'autres continuèrent à pied dont Magda qui, avec quatre autres Hongroises, réussit à sortir du rang et à se cacher dans un bois. Elles y restèrent six jours. Le 12 avril, par hasard, un tank américain stoppa aux abords, l'une d'elles se montra alors, suivie des quatre autres, squelettiques, rongées par la gale... Avant de continuer leur route, les soldats les confièrent à des fermiers, avec ordre de les héberger, de les vêtir, de leur permettre de se laver. Le groupe fut ensuite conduit dans un camp dit « de transit », sûrement dans l'enceinte de Dora ou un des sous-camps du complexe.

Après trois semaines dans ce « camp pour personnes déplacées », Magda et ses quatre compatriotes, dont aucune ne souhaitait retourner en Hongrie où personne ne les attendait, réussirent à monter dans un train qu'elles pensaient en partance pour la France, pays qui, dans leur esprit, était celui de leur liberté. Cependant, attirées par l'odeur du pain, par l'accueil fait aux résistants belges, elles descendirent à Namur. Identifiées comme juives, elles furent confiées à un rabbin américain, probablement de l'organisation American Jewish Joint Distribution Committee and Refugee Aid. Atteinte de tuberculose, Madga fut soignée à l'hôpital de la ville. Le rabbin mit ensuite une maison à la disposition des cinq survivantes. Magda y séjourna de mai à septembre 1945.

Elle entreprit des études d'éducatrice pour enfants, apprit le français. Durant près de dix ans, elle séjourna et travailla en Belgique, tout en faisant l'objet d'enquêtes régulières de la police des étrangers auprès de laquelle elle dut renouveler à maintes reprises sa demande de permission de séjour. Elle est la seule survivante de sa famille, l'une des rares de sa ville natale et plus largement de la communauté juive hongroise : en quarante-six jours et en cent quarante-sept convois, quatre cent trente-sept mille quatre cent trois personnes ont été déportées, trois cent cinquante mille d'entre elles ont été assassinées dès leur arrivée à Auschwitz-Birkenau...

Nathalie Caillibot et Régis Cadiet

Table

Avant-propos 11

Les chemins du temps 17

Des ténèbres à la joie 71

Notice historique 131

DU MÊME AUTEUR

Les Chemins du temps,
Éditions ouvrières, 1977, rééd. 1981 (épuisé)

Souffle sur la braise,
Le Cerf, 1993

Composition Nord Compo
Impression CPI Bussière en février 2014
à Saint-Amand-Montrond (Cher)
Éditions Albin Michel
22, rue Huyghens, 75014 Paris
www.albin-michel.fr
ISBN : 978-2-226-24070-5
N° d'édition : 20128/14. – N° d'impression : 2008358.
Dépôt légal : mars 2012.
Imprimé en France.